ユマニチュード

認知症ケア最前線

NHK取材班
望月　健

角川新書

はじめに

「認知症」という言葉を聞いて、あなたはどのようなイメージを抱くでしょうか？

徘徊《はいかい》や暴力、大声や物盗《と》られ妄想、さらには、意欲の低下、抑うつ、などなど……。

それらの〝奇異〟で〝迷惑〟な行動を伴う認知症の人を、それがたとえ家族であっても、まるで動物かモンスターのように感じてしまう人もいるのではないでしょうか。


これまで多くのメディアが、超高齢社会となった日本が抱える大きなテーマとして、認知症についての報道をしてきました。

その中には、認知症への対策をきちんと社会が講じるべきだという思いから発せられたものではあるものの、認知症の人を世話する家族や介護施設のスタッフが、いかに大変かを強調するあまり、自分や家族が認知症になって欲しくないと極度に心配させたり、身内に認知症の人がいるのを恥ずかしいことであるかのように感じさせたりするものが、少なくないのも現状だと思います。

厚生労働省の研究によれば、2012年現在、65歳以上の人口当たりの認知症の有病率は15％、認知症の人の数は全国で推計462万人に上ると見られています。認知症になる可能性が比較的高く認知症の予備群と考えられている「軽度認知障害（MCI）」の人が約400万人いると推計され、認知症とその予備群を合わせると65歳以上の高齢者の実に4人に1人、800万人以上という状況です。

その最大の要因は、「加齢」。

つまり年を取ることであり、今後、日本社会の高齢化が進めば進むほど、認知症は自分や家族の誰もがなる可能性があり、認知症の人といかに共生、共存していくかは、避けることができない課題です。

この本は、私が「ユマニチュード」と呼ばれるフランス発祥の認知症ケアと出会い、その驚くべき効果と背景にある「人間とは何か」を深く考えさせられる哲学を、もっと多くの人々に知ってもらいたいと感じ、制作に携わった以下のＮＨＫの３本のテレビ番組の取材を通じて得た知見や体験をまとめたものです。

・クローズアップ現代（２０１４年2月5日放送）
「見つめて　触れて　語りかけて　～認知症ケア　〝ユマニチュード〟～」
・あさイチ・女のニュース（同年3月18日放送）
「驚きの認知症ケア　〝ユマニチュード〟」
・ＮＨＫスペシャル（同年7月20日放送）
「〝認知症８００万人〟時代　認知症をくい止めろ　～ここまで来た！世界の最前線～」

新たに番組を作る度、ユマニチュードをまだあまり知らないプロデューサーや同僚のディレクターから、何度か「これまでの認知症ケアと一体何が違うのか？」と聞かれてきました。

それに対して、「これまで行われてきた良いケアを体系化したもの」だとか「誰でも簡単に基本を学べ、すぐに効果が現れるところ」などと答えてきましたが、私が本当に実感していたこれまでのケアとの最も大きな違いは、医療や介護の現場で、ユマニチュードを活用したケアが始まるといつも感じる〝空気感〟の違いでした。

どちらかと言えば、苦労や諦《あきら》め、義務感という雰囲気が漂うことが多い認知症ケアの現場が、一瞬にして、笑顔や喜びに包まれる。

認知症の人が本来持っていた最も善良なその人らしさを取りもどすことで、ほんの少しの時間かもしれないけれど、ケアの大変さや辛《つら》さを忘れて、その場にいるみんなが暖かい気持ちを受け取ることができる。

それが、ユマニチュードの持つ大きな魅力であり、これから日本が大介護時代に乗り出してゆく上で、とても有効な〝武器〟になるのではないでしょうか。

この本を手に取った方が、ユマニチュードに興味を持ち、少しでも認知症へのイメージを変えることに役立つことができれば、これほどうれしいことはありません。

目次

はじめに　3

第1章　見つめて　触れて　語りかけて　13
ユマニチュードとの出会い　～「叫ぶ女性」と「訴える女性」～　14
認知症の〝中核症状〟と〝行動・心理症状〟　19
考案者イヴ・ジネストさん訪日　25
ユマニチュードの4つの柱　①「見つめる」　30
ユマニチュードの4つの柱　②「話しかける」　34
ユマニチュードの4つの柱　③「触れる」　39
ユマニチュードの4つの柱　④「寝たきりにしない」　42
ユマニチュードを日本の医療現場に導入した本田美和子医師のバイタリティー　46

第2章　ユマニチュードの衝撃　51

〝拘束・抑制〟が日常化する医療現場　52
全日病研修会の熱気　55
山本卓一さんとの出会い　60
Vサイン　68
その後の山本さんの変化　73
ユマニチュードを家族に伝える新たな取り組み　78
〝認知症であることを忘れてました〟　82
総合内科病棟の看護師が感じるジレンマ　86
介護施設でも求められるユマニチュード　92
第3章　ユマニチュードの哲学　～考案者　イヴ・ジネスト氏インタビュー～　97
絆の哲学　99
認知症の世界　100
第三の誕生　105
〝抑制〟の何が問題か？　107

なぜ、「人間」が置き去りにされるのか　110
ケアの本質とは何か？　114
ユマニチュードはケアの現場に受け入れられるか？　117
家庭でこそ有効なユマニチュードの実践　120
認知症の人々がくれるギフト　123

第4章　ユマニチュードは日本に普及するか　127

在宅復帰した94歳の久万辰雄さん　128
解明が進む認知症のメカニズム　134
ユマニチュードは魔法ではない　140
介護業界の反応　145
取り組みが始まったユマニチュードの実証研究　151

第5章　岐路に立つ日本の高齢化・認知症対策　157

２０２５年問題　159

認知症の人と社会の共存を否定する判決　163
介護で移住を余儀なくされる社会　167
精神科病院の新たな収入源となる認知症　174
団塊パワーを活用せよ　177
介護からの卒業式　184

あとがき　198

参考文献　203

第1章　見つめて　触れて　語りかけて

●ユマニチュードとの出会い～「叫ぶ女性」と「訴える女性」～

私がユマニチュードへの興味を持ち始めたきっかけは、２０１３年10月、駒沢オリンピック公園の向かいにある国立病院機構　東京医療センターを訪ね、総合内科医長の本田美和子先生から話を聞いたことでした。

その日は、外来棟や入院棟の奥に併設された管理棟の7階、研修医らが生活する寮の中の一部屋をあてがわれた本田先生の執務室に案内されました。

私は4年ほど前から、ＮＨＫ総合で放送されている「クローズアップ現代」（毎週月曜～木曜　午後7時30分から放送）という番組の制作に定期的に携わっており、その時はちょうど、超高齢社会を迎えた日本にどのような変化が起きており、どんな対策を講じる必要があるのかといったテーマを、継続的に取り上げていました。

その取材の折に、ある大学の研究者から「〝ユマニチュード〟というフランス発のすごい認知症ケア技法がある」と聞き、伝手《つて》を頼ってユマニチュードの普及に取り組む本田先生に会い、取材する約束を取りつけたのです。

取材に先立ち、事前に調べたところでは、ユマニチュードはまだ、日本でほとんど紹介されておらず、看護師のための専門誌で特集されているぐらいで、大手の新聞でも記事はまだわずか。

テレビに関しては、ＮＨＫの「暮らし◇解説」という10分間のスタジオ番組で紹介されただけで、ほとんどないという状態でした。

この日、本田先生は、ユマニチュードというケア技法の特徴や、それを日本に導入することになった経緯など、この本でもこの後、詳述する様々な興味深い話を聞かせてくれました。

しかし、この日の取材で最も強く印象に残ったのは、東京医療センターに入院した87歳の認知症の女性をケアする様子を映した映像でした。

２人の看護師が女性を入浴用のベッドに乗せ、シャワーを浴びせると、女性は「なんでそんなことをするの！」「やめて」「いやーっ!!」と絶叫しています。

音声だけ聞いていると、まるで女性が拷問されているか、レイプ被害にでもあっているかのような反応ですが、２人の看護師さんたちは、決してその女性を乱暴に扱っているわけではなく、お湯の温度も熱すぎたり、冷たすぎたりしないようきちんと調節していたと言います。

一人では入浴ができない入院患者である女性を、自分たちがきれいにしてあげようとしているのに予想外の反応を返され、看護師が一体どうしたらいいのか、困惑しきっている表情を浮かべているのです。

これまでも、介護施設などで認知症の人の取材をしたことは何度かありましたが、改めて、「認知症のケアは、やはり大変だなあ」と感じさせるものでした。

ところが、次にこの同じ女性に対し、別の日に行われた入浴ケアのシーンを見せられ、驚きました。

先に見せられた映像では、入浴用のベッドにあおむけに寝かされていた女性が、今度は座った姿勢でシャワーを浴びています。

対応するのは同じく2人の看護師さんですが、1人は女性の顔を見つめ、話しかけ、もう1人が、シャワーを浴びせているのが最初の映像との違いでした。

すると、前のビデオでは叫び声を上げていた女性が、「ごめんなさい、騒いでしまって。

いつも怖くて怖くて、私、泣いていたの。本当にすいません」と、切々と語り出したのです。

さらに、「今は気持ちいいですか？」という看護師さんの問いに、「はい。とても気持ちいいです。ありがとうございます」と答えているのです。

これは、とても衝撃的な映像でした。

敬語で自分の細やかな感情のありようを切々と訴える様子から、この女性が高い知性を持っていることや、それを培うために積み重ねてきた人生の豊かな歴史が感じられました。

そして、ただシャワーを浴びせられただけで、まるで拷問を受けているかのように叫び声を上げていた状態は、認知症によって「引き起こされたもの」であることが、はっきり理解することができたのです。

本田先生の説明によれば、この女性は、ほんの少し前の記憶すら失ってしまうほど認知症の症状が進んでいる状態でした。

それなのに何日も前に、自分がシャワーの時になぜ叫び声を上げたのかをきちんと覚えていたのです。

認知症になると確かに、まっさきに記憶する能力が失われます。

なかでも、日時や、人の顔を見てその人が誰であるかといった記憶は、症状が進むと早期に失われ、一方、感情が伴う記憶は、比較的症状が進んでいても失われにくいという特性があるというのです。

また、認知症の人に正しく接する術《すべ》を持たなければ、たとえ、医療という人の体に関わる専門分野の教育を受けたプロである看護師でも、症状の悪化を引き起こしてしまう。逆に、認知症を正確に理解し、きちんと働きかければ、症状が進んでいてもその人が持っている人間らしさを回復させることができることを映像は示していたのです。

それまで、自分で分かった気になっていた認知症というものへの理解がいかに表面的なものだったかを思い知るのと同時に、その後、ユマニチュードの取材現場で何度となく経験することになる認知症――というより、人間の持つ底知れぬ可能性の大きさに触れ、是非、実際のケアの現場を見てみたい、そして、もっとユマニチュードの事をよく知りたいと感じた瞬間でした。

●認知症の〝中核症状〟と〝行動・心理症状〟

ここで、具体的なユマニチュードの技術をお伝えする前に、そもそも認知症とはどういうものなのかを少し、説明しておきましょう。

厚生労働省のホームページには、「生後いったん正常に発達した種々の精神機能が慢性的に減退・消失することで、日常生活・社会生活を営めない状態」と書かれています。

人間の心と体のあらゆる活動をコントロールする司令塔である脳がうまく働かなくなることで、生活がスムーズに行えなくなる状態であり、咳《せき》や発熱、頭痛などと同様、病気の状態を示す言葉です。

そして、その背景には、原因となる様々な疾患があります。

もっとも多いのがアルツハイマー病で、全体のおよそ６～７割。

次に、脳梗塞《こうそく》や脳出血などにより、神経の細胞に栄養や酸素が行き渡らなくなり、神経のネットワークが壊れてしまう脳血管性認知症。それから、幻視や夜間に大声を上げるなどの症状が特徴的なレビー小体型認知症。それぞれ２割弱と言われています。その他に、アルツハイマー病やレビー小体型認知症と同じく、脳の神経細胞がゆっくり死んでいく

「変性疾患」の仲間である前頭側頭型認知症（ピック病）などがあります。

認知症の原因疾患として最も多いアルツハイマー型認知症は、そのメカニズムがだいぶ分かってきました。

老化によって、神経細胞から放出されるアミロイドβと呼ばれる通常の状態では酵素によって分解され、すぐに消えてしまうはずの不要なタンパクが、分解されずに神経細胞の周りに溜《た》まります。

次いで神経細胞の中に大量のタウというタンパクが蓄積、神経細胞の機能が失われていくというのです。

こうしたタンパクの異常蓄積による病変が脳のあちこちに広がることで神経ネットワークが徐々に壊れてくると、認知症を発症するのです。

アミロイドβが脳に溜まり始める年齢は、遺伝子や生活習慣によって大きな個人差があるものの、発症の20年以上前の40代頃から始まっていると考えられています。

では、認知症の症状とは、どのようなものなのでしょうか？

実は、この点について、まだまだ誤解をされている場合が少なくありません。

認知症には、脳の細胞が壊れることによって直接起こる「中核症状」と、中核症状が進むと共に、本人の性格やケアの環境などが要因となって、日常生活を送るのが難しくなるいわゆる問題行動や、うつ状態や妄想のような精神症状が引き起こされる「行動・心理症状」と呼ばれる２つの異なる症状があるのです。

中核症状は、その進行を遅らせることはできても、認知症である限り、症状を完全に取り除くことはできません。

しかし、行動・心理症状は、認知機能の低下が進むにつれ、必ずしも悪化するものではなく、適切なケアが行われることで症状が治まり、穏やかに過ごし続けることは可能なのです。


認知症の中核症状は、主に次のような症状を言います。

●記憶障害
新しい事が記憶できなくなり、ついさっき体験したことさえ、思い出せなくなる。症状が進むと、それまで覚えていたはずの記憶も失われてゆく。

●見当識障害
現在の月日や時間、自分がどこにいるかといった基本的な状況が分からなくなる。季節感のない服を着たり、自分の年齢が分からなくなる。

症状が進行すると、近所で迷子になったり、自宅のトイレの場所が分からなくなる。

さらに症状が進むと、過去に得た記憶を失い、自分の子どもを兄弟と間違えるなど家族の人間関係が分からなくなる。

●理解・判断力の障害
考えるスピードが遅くなり、2つ以上のことを同時に処理できなくなる。

環境の変化や、いつもと違う出来事が起きると、混乱しやすくなる。

●実行機能障害
物事を計画立てて、実行することができなくなる。

料理や掃除など、家事に支障が出てきたり、買い物に行き、何度も同じ物を買ってきたりしてしまう。


一方、中核症状が進むことで、認知症になった本人は、強い不安やいらだちを感じています。

それに、もともと持っている性格や、その時の体調、さらに周囲の環境や人間関係など様々な要因がからみ合い、行動・心理症状が引き起こされるのです。

行動・心理症状には、主に、以下の様な症状が見られます。


【行動症状】
・暴力
・暴言
・徘徊《はいかい》
・ケアの拒絶
・不潔行為など

【心理症状】
・抑うつ
・不安

・幻覚
・妄想
・睡眠障害など

財布や通帳をどこにしまったのかを忘れてしまうということは、認知症の中核症状です。この中核症状をきっかけに、行動・心理症状が引き起こされます。

そんな大切な物をしまった場所を自分が忘れるはずがない、忘れるなどということを受け入れたくないという不安やあせりから、「通帳がなくなった」「それは、誰かに盗《と》られたからだ」と考えてしまうのです。

そして、身近で世話をしてくれている人が盗んだのではないかという「もの盗られ妄想」という行動・心理症状が引き起こされるというわけです。

しかし、物忘れがひどくなったり、実行能力がなくなっても、適切な援助さえ受ければ、生活し続けることは可能です。

誤解を恐れず極端な言い方をすれば、80～90歳のお年寄りが、今日が何年の何日かを正確に知らなくても、あまり困ることはありません。

家族が認知症になって在宅での生活が難しくなる多くの場合、原因は徘徊や暴力などの行動・心理症状です。

ユマニチュードを用いたアプローチで行動・心理症状が最小限に治まることで、認知症の人とのコミュニケーションを改善することができるというのが、ユマニチュードによる認知症ケアが効果を発揮する際の基本的な考え方で、残念ながら「認知症が治る」わけではありません。

●考案者イヴ・ジネストさん訪日

２０１３年12月、クローズアップ現代で「ユマニチュード」を取り上げることが決まり、来日するユマニチュードの考案者であるフランス人のイヴ・ジネストさんを取材するため、成田空港へやってきました。

ジネストさんの出迎えには、東京医療センターの本田美和子先生と共に、本田先生と一緒にユマニチュードを学ぶ、国立国際医療研究センター病院の副看護師長、金沢小百合さんも来ていました。

予定の便が到着してからしばらくして、ジネストさんが到着ロビーに現れました。モジャモジャ頭に、トレードマークのオーバーオール（フランス語ではサロペット）を身につけたジネストさんが日本を訪れたのは、２０１２年の2月以来、既に5回目です。来日のたびに日本にユマニチュードを普及するため、病院や介護施設を訪ね、講演やケアの実践を行っているのです。

ユマニチュードは、本田美和子先生とイヴ・ジネストさん、そして、もう一人の考案者であるロゼット・マレスコッティさんによる共著『ユマニチュード入門』（医学書院）によれば、「知覚・感情・言語による包括的コミュニケーションにもとづいたケアの技法」であり、「『人とは何か』『ケアをする人とは何か』を問う哲学と、それにもとづく１５０を超える実践技術」と定義されています。

今から35年前、体育学の教師でまだ20代半ばだったジネストさんは、同じ体育学教師のロゼット・マレスコッティさんと共に、病院で働くスタッフの腰痛対策を講じるよう依頼され、高齢者ケアの現場に足を踏み入れました。

そこで、病院や介護施設では、高齢者に対し、治療や介護をするため、「すぐ済むから動かないで」「じっとしていて」と繰り返し、いかに動かずにいるかを求め続けていることに気がつきました。

体育学では健康を保つため、いかに動いてもらうかを考えるのが常識です。当時のフランスでも今ほど深刻に考えられていたわけではないものの、認知症の行動・心理症状による暴力やケアの拒絶は問題になっていました。

ジネストさんとマレスコッティさんは、認知症の高齢者がケアを拒絶するのは、人間として当たり前の要求であり、生きていく上で尊厳に関わる「立つ」ことや「動く」ことを阻まれていることが原因ではないかと考えたのです。

同時に、日本の病院や介護施設でもよくある「あの人が宿直の時は、いつも不思議と患者さんがおとなしい」とか「すごく手がかかる○○さんだが、あの人の言うことはちゃんと聞く」というようなうまくいくやり方を徹底して積み上げ、どこに他の人との違いがあるのかを観察していったのだと言います。

また、ユマニチュードは認知症の高齢者へのケアに限らず、精神障害者や寝たきりの状態にある人、小児など何らかのケアを必要としている人であれば誰でも対象となり、効果を上げていると言われているのです。

ジネストさんは「自分が医療の専門家ではなかったため、当時の医療の〝常識〟にとらわれず、ケアを実践することができたことが、ユマニチュードという技法を確立させる上で重要なことだった」と言います。

ところで、ユマニチュードについての放送をすると、そもそも「ユマニチュード」とはどういう意味なのかとよく尋ねられます。

英語の「ヒューマニチュード（Humanitude）」、つまり、「Human／ヒューマン（人間的な）」「Attitude（態度）」の単なるフランス語読みなのかというと、そう単純ではありません。

「ユマニチュード（Humanitude）」という言葉は1930年代から、パリに集まったフランス領植民地の黒人知識人たちが、自らの〝黒人らしさ〟を取りもどそうと起こした文学運動である「ネグリチュード（Negritude）」を起源に持ち、〝人間らしさを取りもどす〟あるいは〝人間の尊厳の回復〟という意味を込めて、生まれた造語なのだそうです。

本田美和子先生は、「さまざまな機能が低下して他者に依存しなければならない状況になったとしても、最期の日まで尊厳を持って暮らし、その生涯を通じて〝人間らしい〟存在であり続けることを支えるために、ケアを行う人々がケアの対象者に『あなたのことを、私は大切に思っています』というメッセージを常に発信する――つまりその人の〝人間らしさ〟を尊重し続ける状況こそがユマニチュードの状態である」と定義づけています。

幅広い世代が見るテレビ番組では、安易に外来語を使用せず、できるだけ高齢者にも分かりやすい日本語で的確な言い換えをしたいところなのですが、正直、この深遠な哲学を背景にした言葉に、なかなかうまい訳語を見つけることができなかったというのが実情です。

現在、ユマニチュードの普及活動を行うジネスト・マレスコッティ研究所は、フランス国内に11か所の支部と研修や教育を行う２つの専門施設を持ち、約４００か所の病院や介護施設で、講演や研修を行っています。

フランス以外でも、ドイツやベルギー、スイス、ポルトガル、カナダなどで活動を行っており、世界中で認知症への対策が深刻な課題となる中、大いに注目されているのです。

●ユマニチュードの4つの柱 ①「見つめる」

ユマニチュードの技法の内、最も基本的な要素は4つあります。

それは、「見つめる」「話しかける」「触れる」そして「寝たきりにしない」の4つの柱です。

一見すると、「そんな簡単なことでいいのか!?」「そんなこと、いつもやっているんだけど……」と思うぐらい、実にシンプルです。

しかし、この一見すると簡単に思えることが、認知症の人の持つ能力、つまり、症状が進むことで何が苦手になり、何が比較的失われることなく、保持し続けられているかということへの正確な理解に基づいているのです。

ユマニチュードには、プロの介護者が身につけるべき、非常に専門性の高い技術も多数ありますが、家族の介護をする人が、ちょっとしたコツを知るだけでも、認知症の人とのコミュニケーションが改善し、苦痛を伴うケアが楽にできるようになったという声を何人もの人から聞きました。

これなら、自分でもできそうだと思えることだけでいいので、気軽にチャレンジしてみることをお勧めします。

まず、柱の１つ目は「見つめる」です。

一口に「見つめる」と言っても、様々な「見つめる」があり、それぞれ、認知機能の低下している相手に与えるメッセージが異なるのだと言います。

相手がベッドに寝ていたり、車いすに乗っているからといって、上から下に見下ろすと、相手は「自分が見下されている」あるいは、「支配されている」ような気持ちを感じます。

なるべく同じ高さから水平に見つめることで、自分は対等に接していると伝えます。

これは、「信頼」を伝えるメッセージになります。

横から見ることは、相手に「攻撃的」なメッセージを与えていることになると言います。

また認知機能が低下している人は、情報の入り口が狭くなっているためたとえ視界に入っていても、認識できる範囲が狭くなっている場合もあるのです。

横からではなく、正面から、相手の視線を捉え、正面に回っても相手の視線が合わない時は、「目を見て下さい」とお願いしたり、自分の位置を変えるなど、視線をつかみに行くことが大切です。

目を合わせる時間が短いと、相手は「自信のなさ」や「恐れ」を感じる場合があります。ちらっと見るだけではなく、相手が自分を認識できるぐらい一定の時間、見つめ続けることが必要です。

遠くから見るのは、やはり「見下されている」とか「否定されている」という気持ちを抱かせてしまいます。

ここで大切なのは確実なアイコンタクトを取ること。顔に視線を向けていてもアイコンタクトが意識的に行われていない場合が、案外多いのです。長い時間、アイコンタクトをし続けなければならないわけではありませんが、少なくとも0・4秒は必要だと言います。

その時、相手をびっくりさせないことも大事です。いきなり相手の顔の前に現れるのではなく、「私があなたに近づいています」というメッセージを相手が理解できる時間を与えるために驚かさないぐらいの距離を取り、正面から相手にゆっくりと近づき見つめるのです。

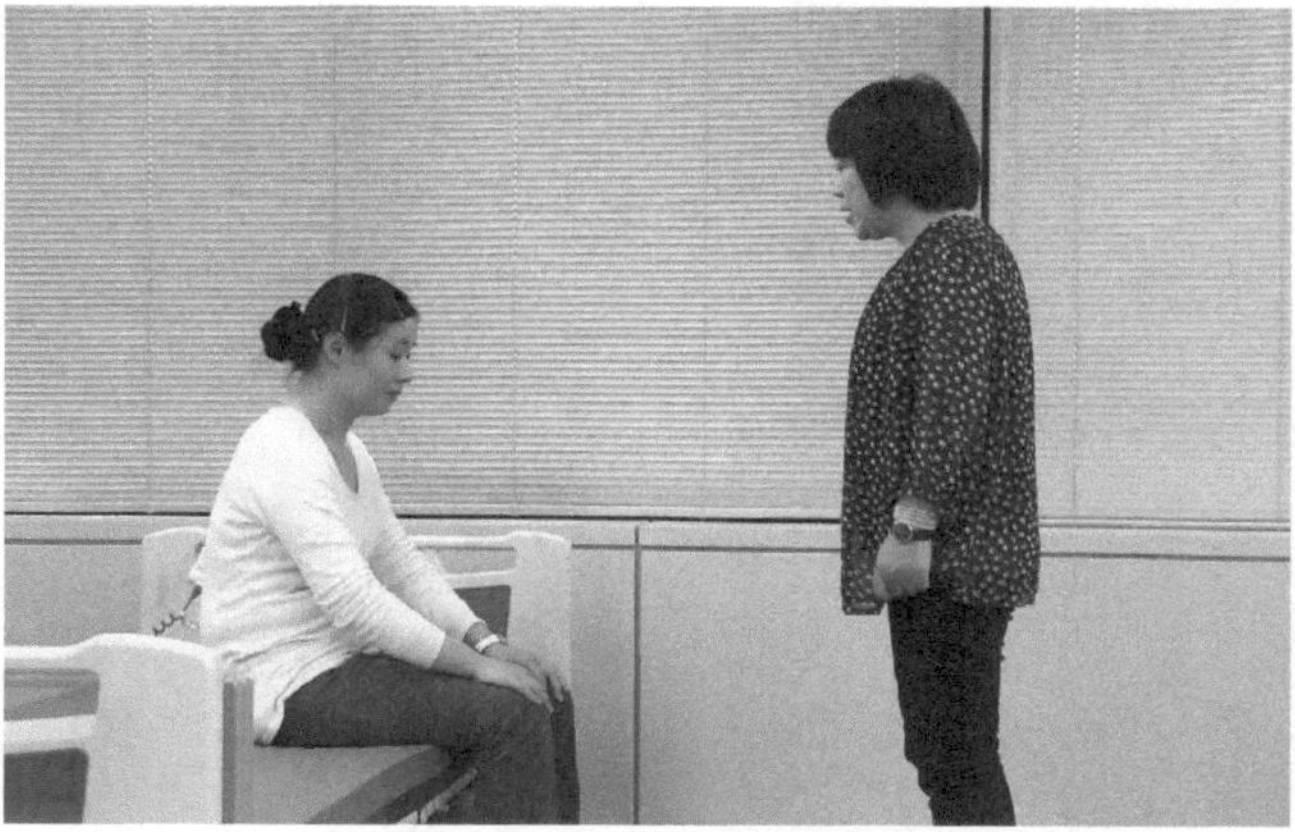

見下ろすと「支配」を、離れていると「関係性の薄さ」を相手に伝える

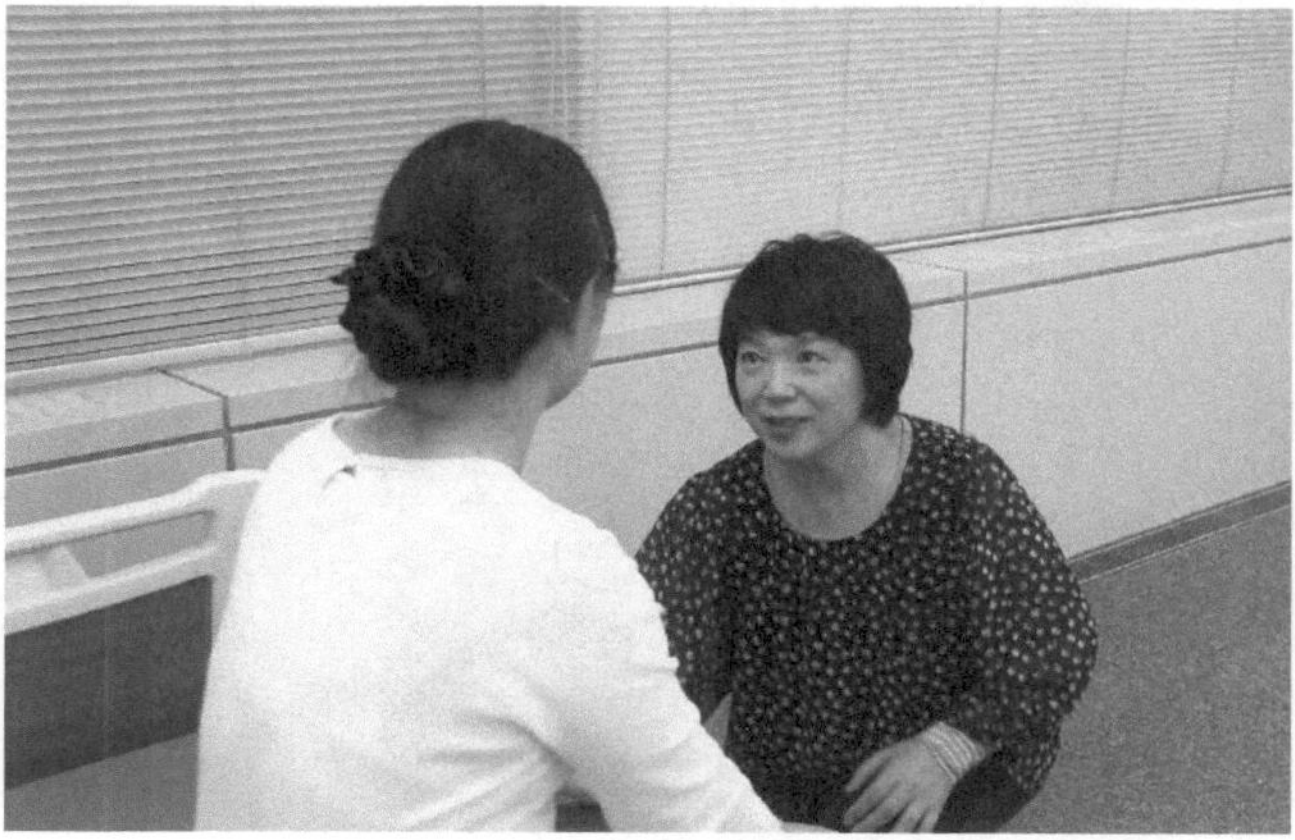

正面から目を合わせ、顔を近づけて「見つめる」

しかし、どんなに否定的なメッセージを与えるよりも最悪の状態が、「相手を見ない」ということです。

相手を見ないということは、相手に「あなたは存在していない」と伝える強烈なメッセージで、これは〝人間らしい〟対応とは対極にあるものです。

人は、恋人や自分の赤ちゃんなど、自分が好ましいと思っている相手と良い関係を結ぼうと思うと、自然に〝ユマニチュードな眼差《まなざ》し〟を相手に向けています。

ところが、好ましくない相手に出会うと、ついつい顔を背け、相手を見ないようにしてしまいます。

認知症の人が何かのきっかけで大声を上げたり、攻撃的な言動を示すと、私たちは無意識のうちに視線をそらしてしまいがちです。

攻撃的でケアが困難な人に対して「私はあなたの敵ではない」と笑顔で見つめることは、自然にできることではなく、学ばなければ実行することができないケアの技術です。それが、認知症の人がその人らしさを取りもどすきっかけになることがあり得るのです。

●ユマニチュードの4つの柱　②「話しかける」

ユマニチュードの２つ目の柱は、「話しかける」ことです。

大きな声や攻撃的な声のトーン（調子）、そして、否定的だったり、後ろ向きな内容はなるべく避け、優しく、穏やかに、できるだけ前向きな話をするよう心がけます。

認知症の人の診察をしているお医者さんから、「世話をしている家族は、何か粗相をしてもできるだけ、怒ったり、叱ったりしないようにしていると言っていたのに、本人からは、いつも怒ってばかりいるから辛《つら》いと打ち明けられることが少なくない」と聞いたことがあります。

関西の人が、東京で暮らし始めると、会話がつっけんどんで、まるでケンカしているように感じるのだと聞きますが、意識して穏やかに話すようにしないと、認知機能が低下している人にとっては、まるで自分が責められているように感じてしまうのです。

「話しかける」ことで、特に大事なのは、例えば、オムツの交換や着替え、体を拭《ふ》くなどというケアの目的があったとしても、最初から「オムツの交換に来ました」と用事を申し出るのではなく、「こんにちは、〇〇です。今日はあなたに会って話をしたくて来ました。ご機嫌はいかがですか？」と、まずは相手との関係性――「絆《きずな》」を築くためのメッセージを伝えるということです。

最初から相手に用事を伝えると、いくら自分が相手のためだと思っていても、相手には〝この人は、自分の都合を優先しようとしている〟というメッセージを送りつけることになってしまうからです。

そして認知機能が低下している相手には、やや大げさなぐらいの笑顔と優しい声のトーンで、話しかけることが必要です。

いかに優しく、穏やかにといっても、前向きな言葉を話し続けるのは、なかなかどうして簡単なことではありません。

特に相手が返事を返してくれたり、相づちを打ってくれなければなおさらです。

言葉でメッセージを送れば、通常は相手から言語や、言語でなくとも意味のある返答＝「フィードバック」があるものです。それがなければ、「今日は、いい天気ですね」「顔色がいいようですね」と、天気と顔色をほめたら、後は何を話していいのか、結構、行き詰まります。

そこで、考え出されたのが、「オートフィードバック」というユマニチュードのコミュ

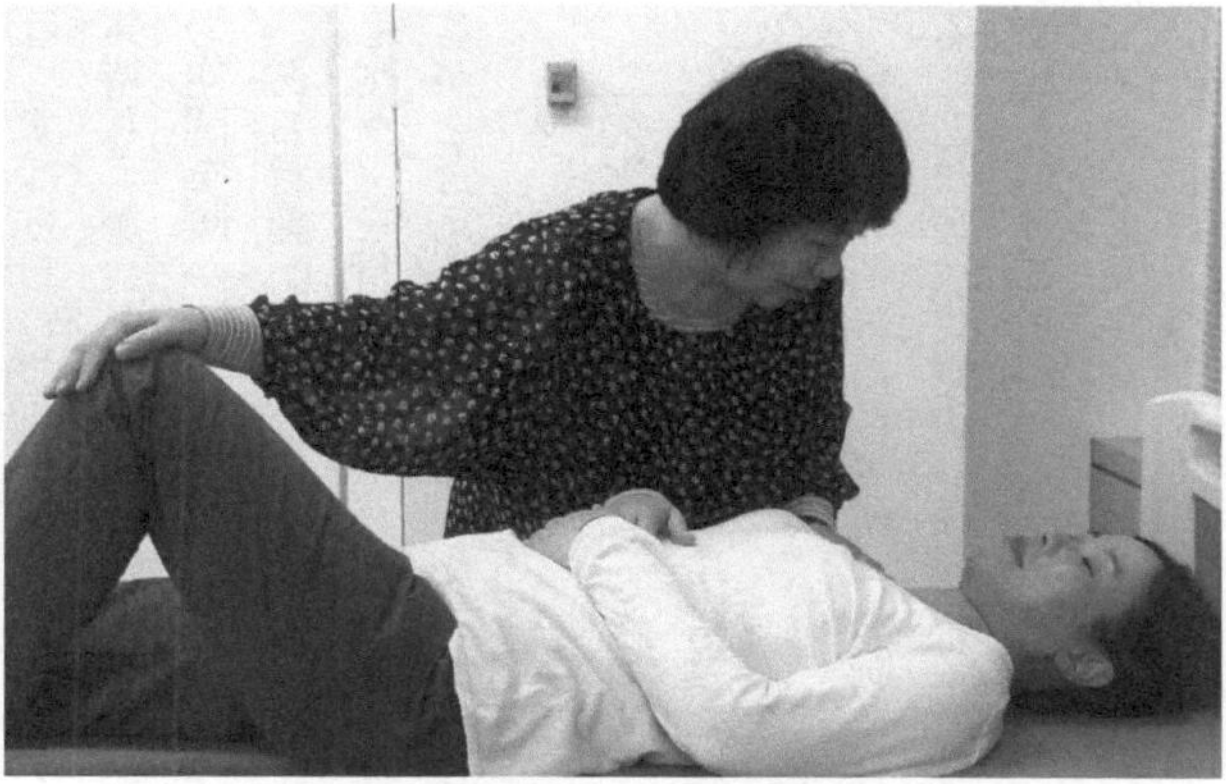

声のトーンは優しく穏やかにできるだけ前向きな内容を「話しかける」

ニケーション技術です。

コミュニケーションを取るのが難しい相手でも、言葉によるメッセージを送り続けるためのエネルギーを自ら作り出し、補給し続ける方法です。

基本は体を拭くなど何かケアをする必要がある時に、その行為そのものを言葉にするのです。

「今日は、○○さんにさっぱりしてもらおうと思って、準備してきました」「とっても暖かくしてあるので、すごく気持ちがいいですよ」「それでは、右手から拭いていってもいいですか?」などと、実況中継のように状況を説明していくのです。

併せて、「こんなにしっかり腕が上がるの

は、すばらしいですね」「協力してくれたので、うまく拭けました」「○○さんも、すごく気持ちよかったのではないですか」などと、相手を快くさせる前向きの言葉を添え、ケアの空間を暖かい言葉で満たしていくのです。

ある看護師さんは、「人間というのは不思議な生き物で、実際に前向きな言葉を口に出してケアを行うと、それがウソにならないように、どう工夫したら相手が気持ちよく感じるかを考えるようになった」と話していました。

このケアの実況中継は、もう1つ、別の役割も果たしています。

認知症が進むと少し前に起きた出来事の記憶を定着させることができないため、短い場合は5秒前に自分が何をやっていたか分からなくなるそうです。

自分が見慣れない場所（病院や介護施設）で、見知らぬ人に裸にされ、体を触られていることに突然、気がつけば、誰でも身を守ろうとして、大きな声を出したり、ケアを拒否するということが起こりえます。

それが、たとえ、顔は分からなくても、優しい声で話しかけてくれる笑顔の相手が、自分を心地よくする手助けをしているのだと説明してくれていたら、安心して身をゆだねることができるようになるのです。

●ユマニチュードの４つの柱　③「触れる」

ユマニチュードの３つ目の柱は「触れる」ことです。

触れることも、見つめることや話しかけることと同様、そのやり方次第で、相手にまったく異なるメッセージを伝えることになります。

触れる面は広く、優しく、ゆっくりと。

なでるようにすることで、相手に喜びや慈愛の気持ち、そして、信頼を感じさせます。

これらは、認知機能の低下した相手との関係性を築くための大事な手段であり、ケアをする時でも可能な限り、どちらかの手が相手に触れているようにすることが理想だと考えられています。

ここで気をつけなくてはならないのは、顔や手は、体の中でも多くの神経が張り巡らされた敏感な場所であり、相手に確認せず、いきなり顔や手に触ると相手をビックリさせ、行動・心理症状のスイッチを押すことになってしまう可能性があるということです。

まずは、腕や背中など、比較的触れられても抵抗が少ないと思われる場所に触れ、相手に親愛のメッセージを送り、様子を見るのです。

手に触れる時には、手のひらを上にして両手を差し出し、相手が自分から手を乗せてくれるのを待つというのも、ユマニチュードを学んだ優れたインストラクターである看護師さんたちが、現場で行う技術の1つでした。

触れるという行為は、関係性のためだけでなく、オムツを交換したり、相手を誘導するなど、手足や体の位置を移動させる時にも必要になります。

この時に気をつけなければならないのが、「つかむ」という行為です。

私たちは日常の生活の中で、手足をいきなりつかまれるという経験をすることはまずありません。

ところが、オムツを交換したり、相手の体を拭く時には、ごく自然に相手の手首や腕をつかんでしまいます。

認知機能の低下している人に対し、この「つかむ」という行為が伝えるメッセージは、

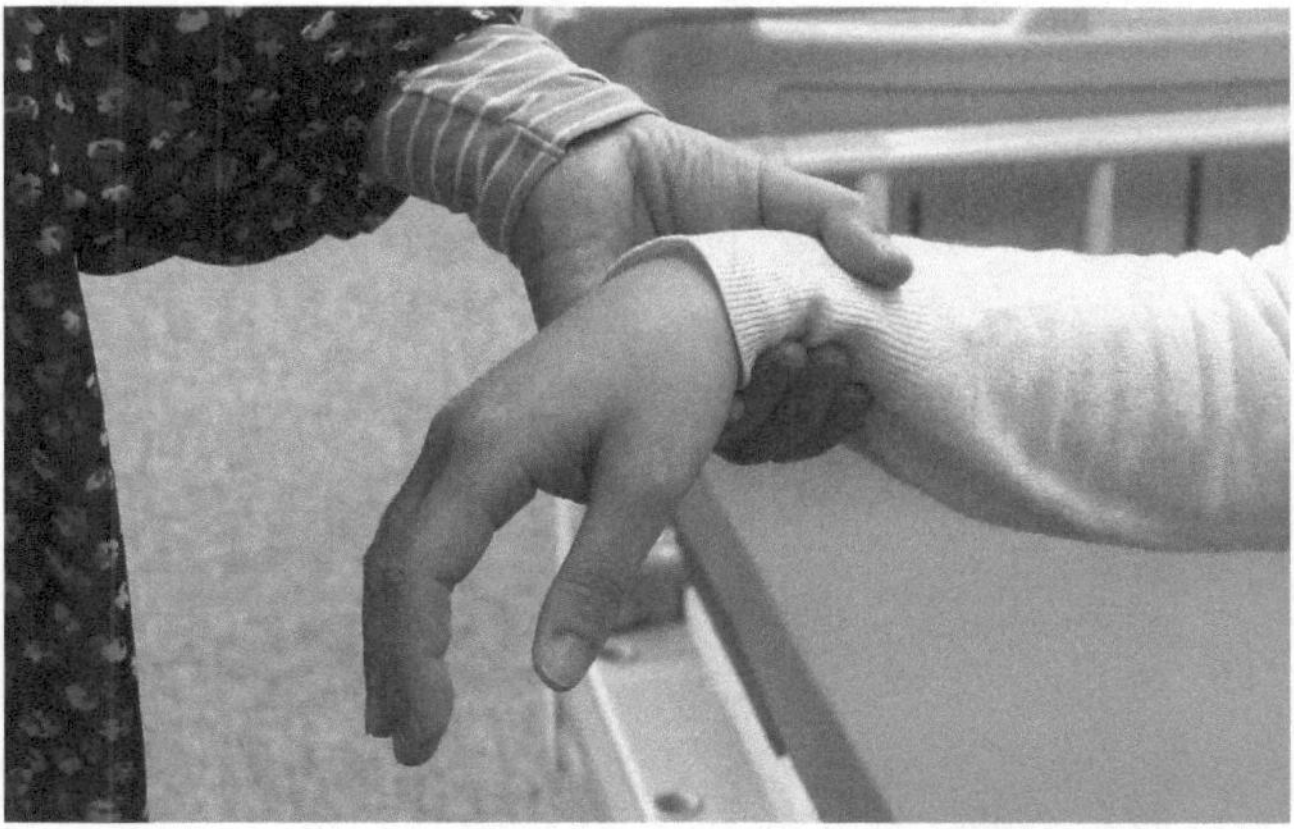

いきなりつかまれると「どこかに連行される」というネガティブなメッセージを相手に伝える

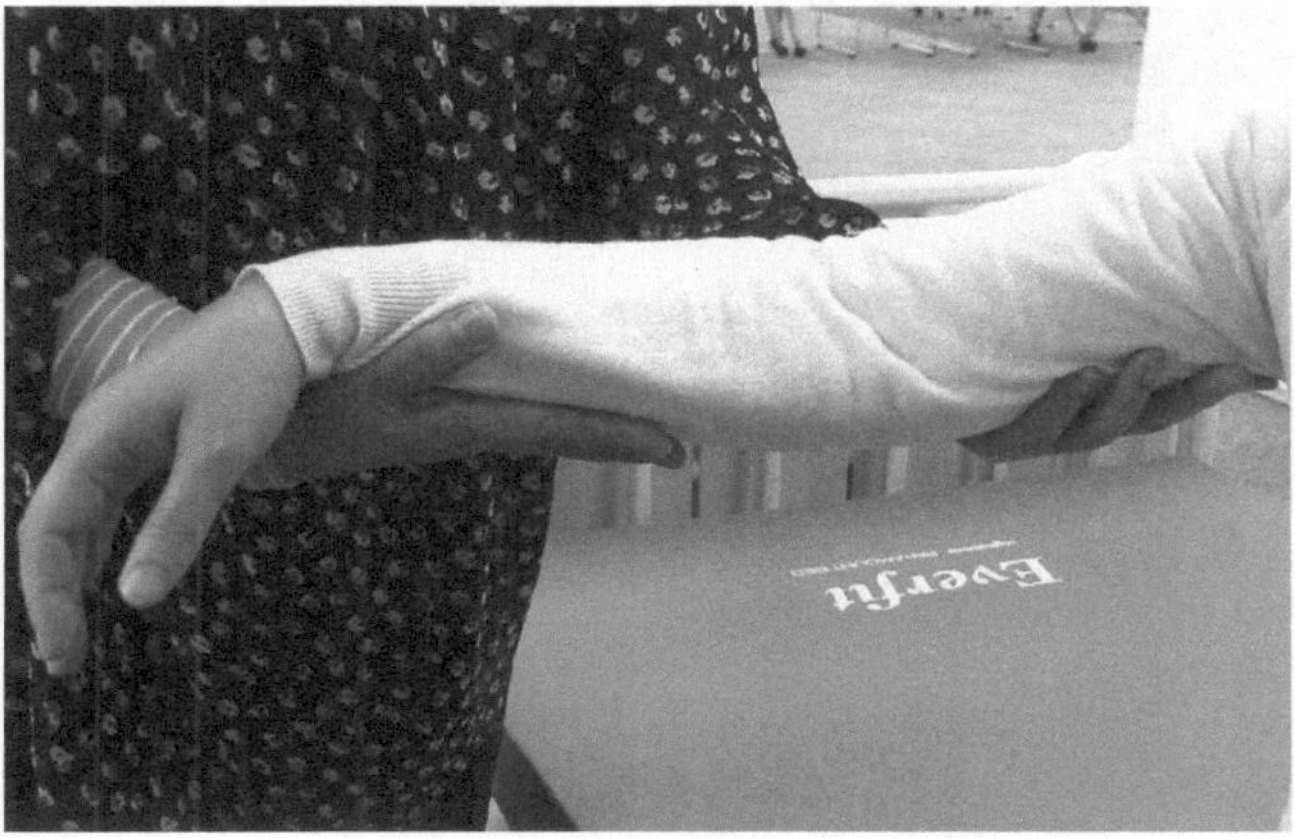

つかまずに下から支え、相手の動かそうとする意志を生かす

「連行」や「罰」を思い起こさせる極めて否定的なものになりかねません。

「つかむ」のではなく、相手の動こうとする意志を生かして、下から支えるのです。

それでも人間は、何か作業をする時には、つい「つかんでしまう」ものです。最初のうちは、ケアを行う時に、親指を人差し指にくっつけたまま離さないよう、意識して使わないようにすることが必要なのだと言います。

ジネストさんは、この「触れる」技術を研修などで説明する時、「スローダンスの定義」と同じだと伝えていますが、言い得て妙だと思います。

●ユマニチュードの4つの柱 ④「寝たきりにしない」

4つの柱の最後は、「寝たきりにしない」ということです。

これには、言葉通りの「立たせる」という意味と、その人が本来持っている能力をケアによって奪わないという両面があると理解しています。

「立つ」ことは、体の健康を維持・改善する上で、極めて重要な役割を果たします。

まず、骨には、力が加わった時にそれを感じ取るセンサーのような働きが備わっています。

体の重さがかかり、骨が圧迫されると、自ら強くしようという仕組みが働き出すのです。高齢者であれば、無理をしなくとも少しの負荷をかけるだけで効果があると言われています。

また、骨に負荷がかかることで、カルシウムが定着し、骨を強くし、骨粗鬆症《こつそしょうしょう》を防ぐ働きがあります。

「立つ」だけでも骨は鍛えられるし、歩くことでますます効果は高まります。

さらに、骨を支える筋肉の力が増したり、反射神経が強化され、転倒や骨折の防止につながるなどの効果があるのです。

足は第二の心臓と言われており、「立つ」ことは血液の循環にも大切です。

人間は立って歩くことで、足の筋肉が静脈をマッサージして、心臓から送り出された血液を足から心臓までもどすポンプの機能を持っています。

寝たきりの状態が続くと足のポンプ機能が働かないため、血流が遅くなり血が固まりやすくなるなど、健康上のリスクが高まるのです。

もちろん「立つ」ことが、生きる自信と誇りを保ち、尊厳を守る上で大きな意味を持っていることも忘れることはできません。

ただ、長い間、寝たきりの状態に置かれていた人を、無理に立たせて、万一、転倒や骨折させるような事態が起きることは、避けなければなりません。

ジネストさんがユマニチュードの技術を用いて、病院や介護施設の利用者を「立たせる」時は、担当医師と綿密な打ち合わせを行い、立ったり、歩いたりする身体的な機能がきちんと保たれているか、また、本人に立ちたい、歩きたいという意志があるかを慎重に確認して取り組みが行われています。

この本は、病院や介護施設などで働くケアの専門家だけでなく、むしろ、家族のケアが必要だったり、今後、必要になるかもしれないと考えている普通の家庭で生活する方々に読んでもらいたいと考えています。

だからこそ、リスクの伴う「立つ」ケアを、個人の判断で行わないよう十分に注意して欲しいと思います。

取材を通じた体験から、１つ付け加えたいことは、ユマニチュードの技術は人間の体のメカニズムについて熟知した上で、考案されたものであるということです。

ユマニチュードを学ぶインストラクターのトレーニングの現場を取材していた時、比較的小柄な看護師さんでも、体の大きなジネストさんを軽々と立ち上がらせるのを見て、「これは一体、どういうことだ？」と好奇心がうずき、その場にいたカメラウーマンや音声さんと、相手を立たせる、あるいは歩かせる、ユマニチュードのいくつかの具体的な技術に、見よう見まねで挑戦してみました。

するとジネストさんも、取材で来たはずのメンバーが、撮影そっちのけでトレーニングに参加しているのを面白がってか、様々な技術を実際に体験させてくれたのです。

ほんの一例を紹介すると、相手にイスから立ってもらおうと思ったら、つい腕を引っ張るか、脇の下に手を入れ、体を持ち上げようとしてしまいます。

それは、「触れる」で述べた相手に強制するケアに他なりません。

それが、膝《ひざ》が前に崩れないよう両側から足をブロックしながら、相手にゆっくりと前傾姿勢を取ってもらうと、力を入れなくても自然に立ち上がってしまうのです。

逆に座ってもらう時は、イスの前に立たせ、ついつい体を後ろに倒してしまいそうになります。

しかし、人間は立つ時も座る時も自然に前傾姿勢を取るため、お尻《しり》のやや下に手を当てながら前傾姿勢を促すだけで、これまた自然に相手は座ってしまうのです。

ユマニチュードのケアは、どんな時でも、力ずくではない技術を用いることを原則としています。

私は腰痛持ちですが、ジネストさんに指導され、彼を一人で立たせた時、腰への負担はまったくと言っていいほど感じませんでした。

ジネストさんは、ユマニチュードの技術を「移動に際して10歳の子ども以上の力を使うことなく、体のある部分を動かす際には5歳の子ども以上の力は使わない」と言いますが、それほど大げさな表現だとは思えないのです。

●ユマニチュードを日本の医療現場に導入した本田美和子医師のバイタリティー

ここで、日本にユマニチュードが導入されるきっかけになった国立病院機構 東京医療センターの本田美和子先生について、少し触れておきます。

本田先生は1993年に、筑波大学の医学専門学群を卒業し、現在、勤務している国立病院機構 東京医療センターの前身である国立東京第二病院で初期研修を受けました。

その後、千葉にある亀田総合病院などでの勤務を経て、アメリカのトマス・ジェファソン大学・内科やコーネル大学・老年医学科でトレーニングを受けた内科のエキスパートです。


なぜ、介護施設の関係者ではなく、救急病院の医師が、ユマニチュードの普及に取り組み始めたのか。

次章で詳しく述べますが、日本の超高齢化が進んだ影響で、介護施設のみならず、一般病院、救急病院でも、入院患者の中に認知機能が低下し、自分がなぜここにいるのか分からないという状態の高齢者が増えているのです。

病院の医師や看護師は、経験も知識もあり、病気の治療には自信を持っているものの、患者が一緒に病気を治そうという意志を持っていることが、治療にあたっての前提です。

ところが認知機能が低下している患者の場合、自分で点滴を抜いてしまったり、体調が悪いのにベッドから下りて歩き出し、転倒して骨折したり、内視鏡などの検査の際にじっと動かないでいることができなかったりする患者が増えていて、医療従事者が提供したい医療を行えないという状況がどんどん進んでいるのです。

そんな時、本田先生がたまたま目にした日本航空の発刊している雑誌に、「ユマニチュード」を紹介する記事が載っていたのです。

その記事は、しばらく気になったまま冷蔵庫に貼り付けられていたそうですが、2011年10月、ついにジネストさんと連絡を取り、休みを利用して自腹でフランスへ渡りました。

2、3日、話を聞けて見学でもできればいいと思ってジネスト・マレスコッティ研究所を訪れたところ、2週間の休み全てを使ってユマニチュードが導入された病院や介護施設などの視察と職員研修に参加するスケジュールが組まれていたそうです。

「入院していらっしゃる方で認知の機能が落ちてくると、自分がどこにいるか分からず、自分が病気を患っている事も分からない。自分にされている点滴が自分のためだという事も分からない。そうすると私たちは医療を提供したいという気持ちはあっても、それが受け入れてもらえない状況になってしまう。何か新しい解決法はないかと模索している中、出会ったのがユマニチュードだった」と本田先生は言います。

そして、本田先生のフランス視察から4か月後の2012年2月には、イヴ・ジネストさんとロゼット・マレスコッティさんの二人を日本に招き、東京でケアの実演や講演を開催しました。

本田先生は優秀で、ズバ抜けた実行力がありながら、偉ぶったところがまるでない人です。

ジネストさんは、日本では他の国と比べ、非常に短い期間でユマニチュードの認知が広がっていると言います。それはもちろん、ユマニチュード自体の有効性や魅力によるところが大きいのですが、国立病院機構の医師である本田先生が中心となって普及に取り組んでいるため、聞く耳を持ったという関係者も少なくないと思います。

現在、本田先生には、様々なメディアや医療・介護の関係者から、直接話したいというアポイントや講演の依頼がひっきりなしです。

そして、知り合った多くの人々が、思わず何か手を貸したくなるような優しさと熱さを持っているのです。

第2章　ユマニチュードの衝撃

●“拘束・抑制”が日常化する医療現場

日本で急激に進む高齢化の波は、介護施設だけでなく、地域の一般病院にも、大きな変化をもたらしています。

東京・調布駅の駅前にある調布東山病院は、およそ30年前に開院して以来、地域医療を支えてきた急性期病院です。

病棟のベッド数は全部で83床ありますが、近年、入院患者の高齢化が進行。肺炎や心不全、脳卒中や感染症、骨折などで入院する患者のおよそ7割が70歳以上の高齢者です。

入院患者の高齢化が進み、現場には大きな変化が生まれました。

高齢者の場合、入院により、環境が大きく変わることで、それまで何の支障なく暮らしていた人でも、認知機能が急激に低下することがあります。

もともと認知症を発症していた場合、症状が一気に進行してしまうのです。

すると、困った問題が起こります。

病院は、高齢者がそもそも入院してきた理由である病気やけがを治療しようと、安静を求めたり、点滴をします。

ところが、認知症の高齢者は、自分が病院にいることも、病気やけがをしていることも、なぜ点滴をされているのかも理解することができません。

すると、自分で点滴を抜いてしまったり、勝手に歩き出し、転倒や骨折してしまう場合が少なくありません。

そのため、病院では、行動を落ち着かせるため、向精神薬を過剰に服用させたり、患者が一人で歩き回ったりしないよう、車いすやベッドに体や手足を縛ったり、点滴のチューブを抜かないよう手指の機能を制限するミトン型の手袋をつけたりする身体拘束が行われているのです。

しかし、自分がなぜ病院にいるか理解できない認知症の人は、身体を拘束される理由が理解できないため、「なぜ、この人たちは、自分に意地悪をするのだろうか」と周囲の人への不信感を募らせ、暴力的になったり、大きな声を上げるなど行動・心理症状を急速に悪化させるのです。

たとえ、病気やけがが治っても、入院をきっかけに認知症が一気に進み、寝たきりの高齢者を生み出してしまう現状に、認知症となった本人が辛《つら》いのはもちろん、家族や医療関係者も心を痛めています。

調布東山病院の理事長兼院長の小川聡子先生は、そもそも現在の医療制度における治療にパワー不足が土台にあると指摘した上で、医療者にはそれぞれの専門分野における治療に必要な知識や経験はあっても、認知症にどのように対応するかという基本的な技術が不足していると言います。

高齢化が急速に進む中、住み慣れた家から入院し、環境の大きな変化が避けられない上、病気やけがで体調も悪く、認知症の症状の悪化はむしろ当然起こりうることです。

この病院では、抑制を少しでもなくすため、激しい行動・心理症状が現れている認知症の人のベッドの周りにマットを敷きつめるなどの対策を取っていますが、人手の少なくなる夜に不穏になる人が多く、転倒しないよう車いすに抑制し、比較的目の届くナースステーションの周辺にお年寄りを集めて、事故を防ぐといった手立てが講じられていました。

看護師の一人は、「その人のためにやってることが、結果的には誰のためにやってるのか分からないというようなことになってしまっている。私たちも無理やりそういうことをする嫌な人だと思われて、強いストレスを感じる。好きで選んだはずなのに、いつの間にかこの仕事をするのが辛くなって、辞めていく看護師がいたり……。そういう現状を本当に何とかしたい」と、話していました。

病院の中には、徘徊《はいかい》による転倒リスクや点滴を自分で抜き去るような状況を恐れ、認知症の人の入院を断るところもあるようです。

地域医療を支えるこの病院のような医療機関が、認知症といかにうまく付き合っていけるかは、医療者にとっても、本人や家族にとっても極めて切実な問題です。

現場の切実な思いが、認知症の人の行動・心理症状が治まり、コミュニケーションを改善させるユマニチュードが注目される背景にあるのです。

●全日病研修会の熱気

正月気分もまださめやらぬ2014年1月11日〜12日、東京・千代田区にある公益社団法人 全日本病院協会（全日病）で、ユマニチュードを中心にした認知症研修会が行われ

参加者の熱気に包まれた全日本病院協会の研修会

ました。

全日病は、中小規模の民間病院を中心とした病院団体で、日本全国の約4分の1にあたる約2200の病院が加入しています。

全日病では2013年の9月に東京医療センターの本田美和子先生が講演し、ユマニチュードを紹介したところ、非常に好評でした。そこでフランスから考案者のイヴ・ジネストさんを招き、講義と実技を通して2日間にわたって、ユマニチュードを学ぶ研修会を行うことになったのです。

研修会には、150人の定員に200人を超える応募が集まり、早々に募集が打ち切られるほどで、ユマニチュードへの関心の高さを示すものとなりました。

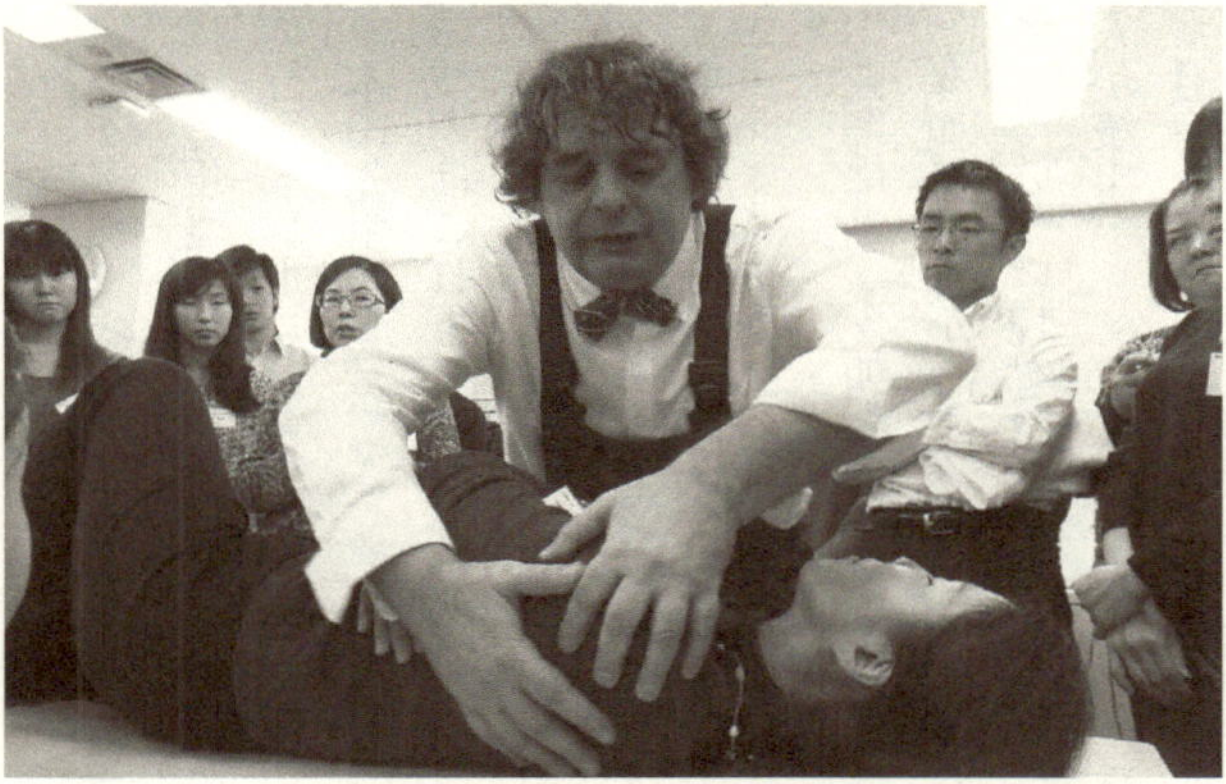

「ユマニチュードを身につければ強制的なケアをなくせる」と伝えるジネストさん

当日は看護師をメインに、医師や理学療法士、作業療法士、ソーシャルワーカーや介護福祉士、薬剤師など、多種多様な専門職が全国から集まりました。

冒頭、挨拶《あいさつ》をしたのは、研修を主催した全日病のプライマリ・ケア検討委員会の委員である、調布東山病院の院長、小川聡子先生です。

「認知症の患者さんを精神科へ送っても問題は解決しません。また、患者さんを、抑制したくはありません。しかし、院内で転倒されて事故報告を書き、心が折れそうになる日々ではないでしょうか」と、現場の切実な現状を参加者に呼びかけました。

研修会は、ジネストさんによるユマニチュードの哲学や技法についての講義や本田先生による現場の映像を駆使しての実践的なアプローチ技術、そして、参加者同士が組になって行うトレーニングへと進んでゆきます。

本田先生が、「ユマニチュードは、世の中にある良いケアを体系化したものです。個々の技術はこれまでに行われてきたものであっても、包括的に行う点が新しさです。こちらが対応を変えることで、患者さんも変わります」と話すと、続いてジネストさんが、「ユマニチュードの技術があれば、本人の望まない強制的ケアをなくすことができるのです」と参加者に熱心に語りかけます。

会場には、参加者の熱気と真剣な眼差《まなざ》しが、あふれていました。

参加者同士がチームを組んで行われた体験型トレーニングでは、相手を立たせようとして、ついつい腕をつかんでしまったり、脇の下に手を入れ、無理やり引き上げようとする人が続出。

相手の意志を尊重し、無理強いをすべきではないと頭では分かっていても、何か作業をしようとすると、つかまず、力を使わずには、なかなかできるものではありません。

【参加者の声】

・看護師（東京）

「認知症の患者さんがどんどん増えていく中、現場では、つねられたり、かみつかれたりすると、看護師2人、3人でどうしても体を押さえつけたりということになってます。そんなことをするために看護師になったわけではないのに、すごく罪悪感がある。それを解決する糸口になると感じた。病院に帰ったら、すぐに実践してみたい」

・看護師（福岡）

「実際にやる前は、『こんなのみんなやってるじゃん？』という感じばっかりだったんですよ。でも、実際にやってみたら、できていない。分かっているんだけど、行動としてはできていない。改めて、どんなふうにやるかを学べました。そして、認知症の方の世界を知ることは、とても大事なことなんだと痛感しました」

自分たちがいつも、いかに認知症の人たちにケアを強制していたか、改めて気づかされ、愕然《がくぜん》とする参加者も少なくありませんでした。

●山本卓一さんとの出会い

この研修会から数日後、ユマニチュードの考案者であるジネストさんが、講演とユマニチュードによるケアの実践のため、調布東山病院にやって来ることが決まりました。

病院側は、実際にジネストさんのケアにより、何人かの患者さんの状況を改善したいと考えていたため、ジネストさんがユマニチュードを活用してケアを行う前後で、その変化を取材させて欲しいと依頼し、一人の患者さんを紹介してもらいました。

東京都内に住む87歳の山本卓一さんです。

山本さんは２０１３年12月、尿路感染症の疑いで入院しました。

入院してからは、認知症の典型的な行動・心理症状である昼夜逆転や日中、もうろうとして意識がまだらになるなどの症状が現れていました。

糖尿病や心不全などはあるものの、妻の康子さんの見守りの下、しっかりと自己コントロールができていたため、これらの行動・心理症状への対応さえできれば、在宅にもどることも可能だと病院側は見込んでいました。

山本さんは、都内で小売店を営む両親の下に生まれました。

大学を卒業して、店で手伝いをしていた時に、母親と連れだって店に買い物に来た康子《やすこ》さんを見そめて結婚。

康子さんは勤めていた銀行を辞め、自分たちで新たに興した縫製会社を夫婦一緒に経営してきました。

糖尿病や心不全があり、週に2日の訪問看護や訪問介護の入浴サービスを利用していましたが、家の中では自分で歩き、トイレや食事は自分でやっていたそうです。

介護スタッフと冗談を言い合ったり、時には外出して美術館を訪ねるなど、穏やかに過ごしていました。

それが、入院をきっかけに夜間の不眠がひどくなり、昼間は意識がまだらでもうろうとしていることが多くなりました。

そうかと思うと、いきなり声を荒らげ、攻撃的に話をするようなこともあり、康子さんは強いストレスを感じているようで、これからうまくコミュニケーションが取れるのか、不安を感じていると話してくれました。

自分たちで何か役に立てるならと、取材には快く応じてくれたものの、本人が拒否した場合は取材は遠慮して欲しいという条件がつけられました。

認知機能が低下しているとはいえ、87歳の大人の取材です。本人が拒否するなら取材は遠慮して欲しいという条件は、当たり前のものでした。

そこで早速、山本さん本人に挨拶するために、山本さんの病室へ向かいました。

康子さんに案内され、窓際のベッドに寝ている山本さんに、「NHKのクローズアップ現代という番組のディレクターをしている望月という者です。取材をさせて欲しくてお邪魔しています」と挨拶しました。

すると、開口一番、「俺は、昨日もNHKに殺されかかったんだ」と言うのです。

念のために断っておきますが、山本さんと会ったのはこの日が初めて。

もちろん、別のNHKの取材チームが、この病院に出入りしているという話も聞いてい

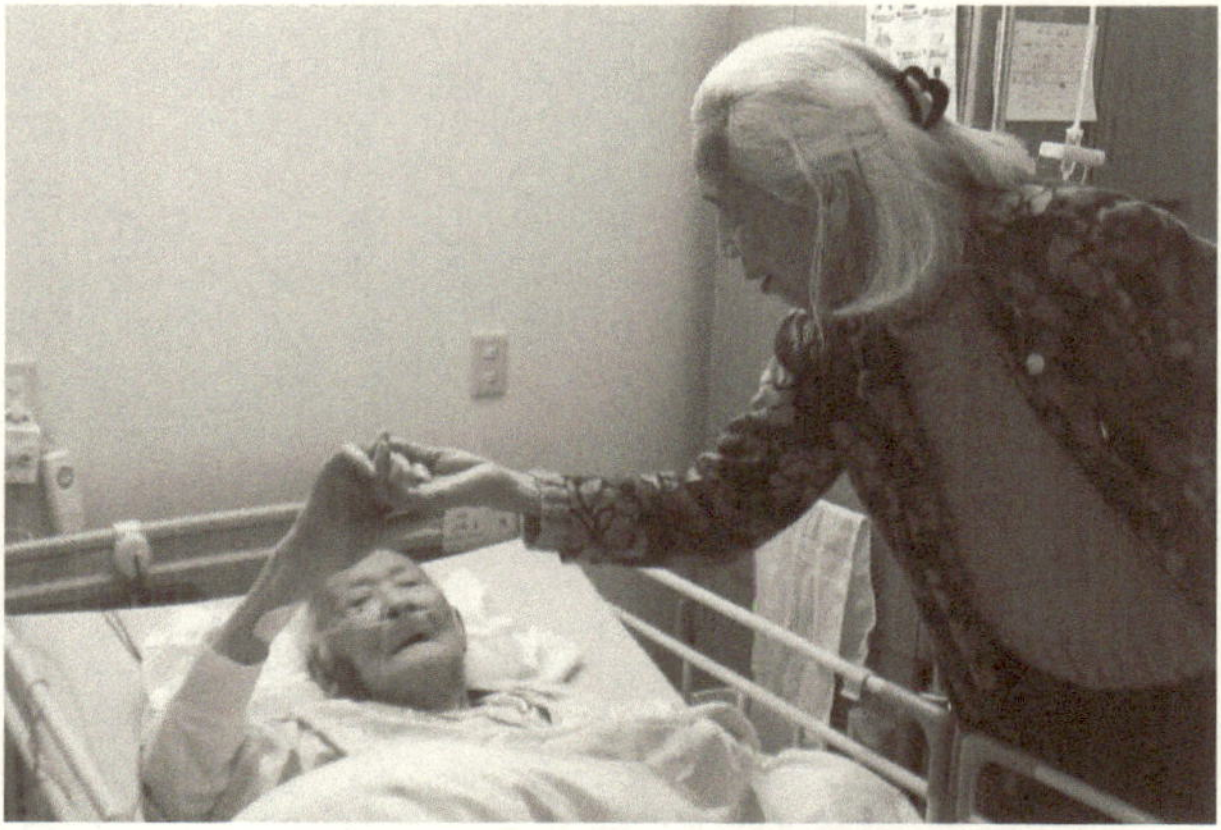

感染症で入院した山本卓一さん（87）と妻の康子さん

ません。

そこで、「私は、昨日はこちらの病院には来ていません。よかったら、どのように迷惑をお掛けしたのか、教えて頂けませんか？」と聞いてみました。

すると、「そんなことも分からないのか！勉強不足で取材する資格はない。帰れ!!」と、少しも機嫌が収まりません。

これまでの自分なら、取材を無理強いするわけにはいかないと、多分、ここで山本さんの取材をギブアップして、別の取材対象者を探していただろうと思います。

しかし、この1か月、本田先生やジネストさんから、認知機能の低下している人とどのように接したらいいのかを取材してきた私は、「ここはユマニチュードしかない!!」と考え、急いでその〝教え〟を思い浮かべました。

まずは、ベッドの山本さんに1歩近寄り、ぐっと顔を近づけます。

とにかく笑顔を心がけ、「前向きなこと、前向きなこと……」と頭を急速に回転させ、先ほど、康子さんから、山本さんは山登りが大好きだったという話を聞いていたことを思い出しました。

そこで、「ところで山本さん、登山をされると聞きました。どこを登るんですか？　実は僕も2年前から登山を始めて、休みに山登りに行くのが楽しみなんですよ」と、「少し強引かな？」と思いながらも話を振ってみました。

すると、それまで会話がかみ合わず、こちらの話をまともに聞いてくれなかった山本さんが、「あなたも登るのか。私は、槍《やり》や剣や八ヶ岳、どこも登ったよ」と、にわかに会話のチャンネルが合い、普通の会話が始まったのです。

「そうなんですか、僕はまだまだ初心者なんで、槍や剣はまだ無理です。やっぱり大変なんですよね、そういう山は？」

「私は何日もかけて縦走した。遭難した時は本当に大変だった。冬に雪山で滑落して、足を折って、背負われて下りたことがある。その時、背負われて山を下りる時、これまでは何とも感じなかった山の高さが、それは恐ろしく感じたものだ」

山の様子がありありと目に浮かぶような気持ちがしたのは、ちょうど私が1年前に、野生動物による被害の増大と狩猟をテーマにした番組を作っていたからかもしれません。山形県でマタギと呼ばれる人々と一緒に冬山に登り、初めて経験した静かで神々しいまでに美しかった山の世界を思い出しました。

気がつくと、山登りの先輩として豊かな体験を語る山本さんの話に、ぐいぐいと引き込まれていました。

そして、山本さんは康子さんに「あの写真を見せてあげなさい。あの山小屋で撮った写真を」と、自分が撮影した美しい北アルプスの山並みが写った写真を、見せるように言ってくれました。

「僕もいつかは行ってみたいです。危ないのは苦手ですけど。山本さん、手ほどきして下さい」と頼むと、「今はこんな体だから、無理だよ」と少し寂しそうな顔をして答えたように見えました。

私は、そこで改めて「私はNHKのディレクターです。お年を召しているにもかかわらず、元気になろうと頑張っている方を取材させて欲しいと病院にお願いしたところ、山本さんを紹介していただきました。是非、ビデオカメラで、日常の様子を取材させてくれませんか。できるだけ、ご迷惑をお掛けしないよう十分に気をつけますから」と依頼してみると、ついさっきまで「NHKに殺されかけた」と、いっさい聞く耳を持たなかった山本さんが、「そういうことなら構わない」と取材を承諾してくれたのです。

それをそばで聞いていた康子さんも、「それなら元気にならなくっちゃね」と、優しく声を掛けてくれました。

取材の許可を得て、改めて康子さんに「先ほどはどうして、NHKに殺されかけたなんて、山本さんは仰《おつしや》ったんでしょうか」と尋ねたところ、「よく分からないけれど……」と前置きしつつ、以前、NHKの受信料の支払いの件で、ちょっとしたトラブルになったことがあり、NHKという名称を耳にした途端、良くない印象を持ってしまったのではないかとのことでした。

認知機能が低下していても、感情が伴う記憶はしっかりと残されている。ジネストさんの教えの正しさが、ここでも証明されました。

許可をもらった翌日から、取材はスタートしました。

昼間は意識がもうろうとしており、寝ていることも多かった山本さん。突然、「やめろ！」などと声を荒らげることもありました。

一方、夜になると「ママ」とか「おい」と、おそらく康子さんを呼んでいるだろう声が部屋の外まで聞こえて、ナースコールが押されます。

夜勤の看護師さんが駆けつけると、目が覚めていて、「眠れない」と訴えます。

背中をさすってもらったり、睡眠導入剤を服用することもありますが、一晩で10回以上、ナースコールが鳴ることも少なくありません。

不眠は、認知症の行動・心理症状の典型的な症状の1つで、家庭だったら、介護する家族はすぐにまいってしまうだろうなぁと感じさせる状況でした。

●Vサイン

ユマニチュードの考案者、イヴ・ジネストさんが、病院にやってくる日がきました。臨床の現場で、実際、どのくらいユマニチュードは効果を発揮するのか。

山本さんの大変な様子を見てきただけに、うまくいって欲しいと祈る思いで見守っていました。

しかし、一方で、最初に「NHKに殺されかけた」といって、まともに話ができなかった山本さんと、私が〝ユマニチュードもどき〟を駆使して何とかコミュニケーションを取りつけるまでに30分近くの時間が必要でした。しかも、たまたま「登山」という共通の話題があったからこそ話ができたにすぎません。

限られた時間で、病院や家族が望んでいる状態に改善するためのリハビリを進めることが本当にできるのか？

いきなり見慣れぬ外国人が入ってきたら、会って早々、拒否反応を示すことも十分考えられるのではないか？

もしそうなれば、番組として紹介するのは、難しいのではないか？——などと、次々と後ろ向きな想像が頭をよぎります。

これまで、本田先生に映像を見せてもらい、ユマニチュードでいかに認知症の方々が変わっていくか知ってはいるものの、自分の目で見るまでは信じられないというディレクターの習性から、不安を感じていたのも事実でした。

そして、ジネストさんと本田先生が、東京医療センターや国際医療研究センターのユマニチュードを学んだ看護師さんたちと共に、調布東山病院へやってきました。

ジネストさんたちは、まず最初に担当の医師から、丁寧に患者の容態を聞き取って、どんな困難を抱えているのか、病院や家族が何を望んでいるのかを把握していきます。

山本さんへのアプローチは、ユマニチュードのインストラクターの一人である東京医療センターの林紗美《さよし》看護師が行うことになりました。

林看護師はまず、部屋の入り口でノックをしてから、ベッドで寝ている山本さんの方へ近づいていきます。

この時、相手の目を見つめながら、ニッコリと優しく微笑みます。

そして、「こんにちは、山本さん。今日は、山本さんとお話ししたくて来ました」と、語りかけながら、手のひらを上にして手を差し出しました。

するとそこに山本さんが自分から手を乗せてきたのです。

正にお手本のように、ユマニチュードの基本である「見つめる」「話しかける」「触れる」の見事な連係プレーで、一瞬にして、山本さんとのコンタクトを成立させていました。

うまくコミュニケーションが取れるのかなどという心配はまったくの杞憂《きゆう》で、山本さんは、穏やかな表情で林看護師とコミュニケーションを取り始めました。

続いて、「フランスから山本さんに会いに来た先生がいるので紹介します」という林看護師の説明を受け、ジネストさんも参加します。

ジネストさんが、「ボンジュール、ムッシュ」と挨拶して人間関係を作ってから、「足を伸ばして下さい」と訴えると、山本さんは静かに足を伸ばし始めました。

続けて、「腕を伸ばして下さい」「足を曲げて下さい」とジネストさんが呼びかけると、林看護師の補助を受けながら、山本さんは手足を動かしてゆきます。

そして、ジネストさんが山本さんのベッドサイドに立ちながら「頬を触って下さい」と呼びかけると、震えながらゆっくりと、明らかに山本さん自身の意志を感じさせる動きで、ジネストさんの顔へ向け腕を上げていきました。

この光景は、人間の持つ可能性の底知れぬ大きさを感じさせ、背中に震えが走るほど感動しました。

さらに、ジネストさんは山本さんを車いすに移し、担当医師から了解を得た上で、両脇を支えて立ち上がらせました。

そこで、ジネストさんが、「元気になりたいですか？　歩きたいですか？」と山本さんに呼びかけると、かすれた声で、しかしはっきりと「イエス！」と答えました。

妻の康子さんも、わずか30分余りの働きかけで、山本さんが別人のように生き生きと手足を動かす様子を見て、とてもうれしそうでした。

最後に、リハビリを終えたジネストさんと林看護師が、山本夫妻に向けて手を上げて挨拶をすると、山本さんはそれに応《こた》えて、誰の補助も受けずに自分から腕を上げ、ゆっくりとVサインを作ったのです。

康子さんが驚きのあまり、思わず「あなた、そんなことしたことないのに！」と声を上げていました。

山本さんがその時、どのような気持ちでVサインを作ったのかは分かりません。しかし、それはまるで、長く商売をやってきた山本さんが、自分を訪ねてきたお客さんに、少しでも親愛の気持ちを伝えようとしているかのように見えました。

妻の康子さんによれば、ジネストさんたちが帰った後、山本さんは「ムッシュ、マダムなんて、まるで若い時に見た映画みたいだった」とうれしそうに話していたそうです。康子さんは、この日の出来事を振り返り、「(夫は) 最初から顔をしかめたり、拒絶するんじゃないかと思っていたんですけど、先生は、まるでマジシャンのようで驚きました。今まであんまりニコッと笑わなかったんですけれど笑ってくれるようになり、とても喜んでいます。かえって私の方が、主人から元気をもらったのかもしれません」と述べていました。

ユマニチュードを生かしたリハビリの結果、単に手を上げるとか、足を動かすというレベルを超え、眠っていた本人の人間性が、再び、花開いたように思えました。

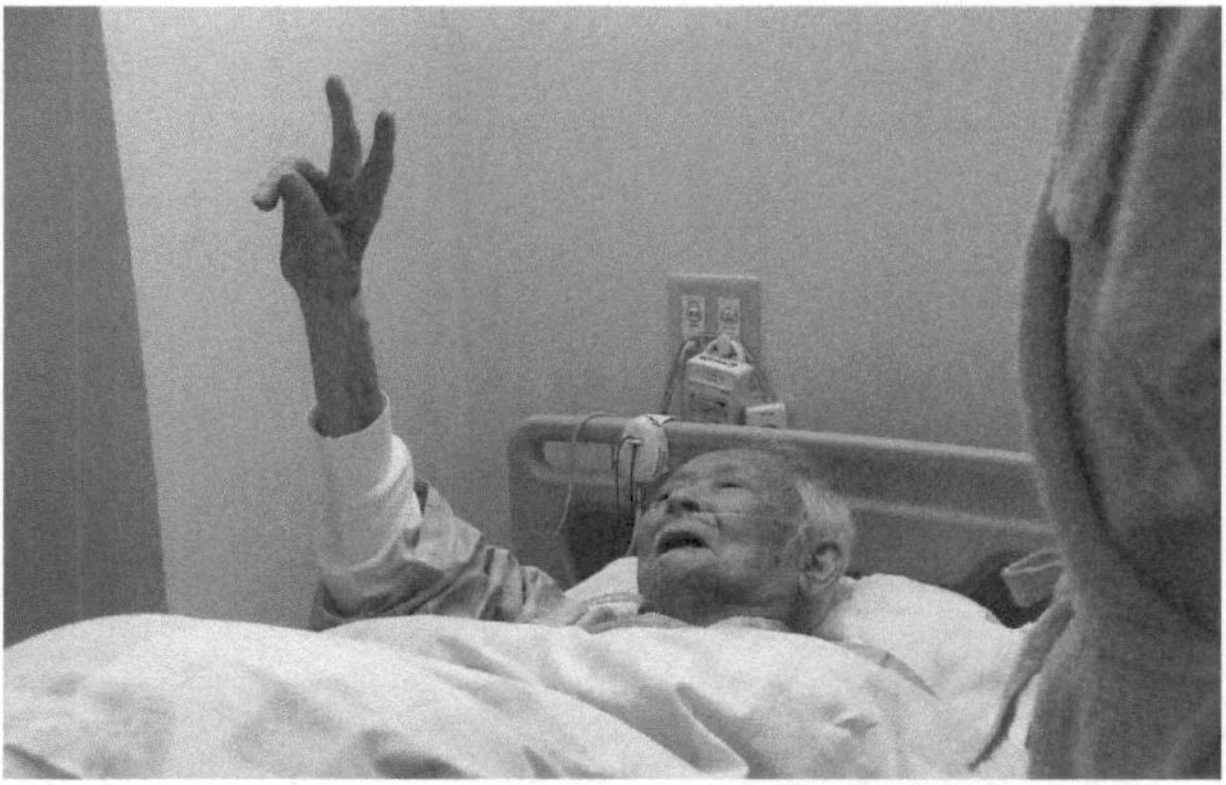

ジネストさんのケアの後、Vサインする山本さん

●その後の山本さんの変化

ジネストさんが病院の依頼を受け、調布東山病院を訪ねた日から2日後、再び、山本さんご夫婦に会いに病院を訪れました。

康子さんの話では、まだ夜の不眠は治っていないものの、まだらだった意識が安定し、いつも穏やかで、会話はほとんど問題がなくなった、本当にありがたいと話してくれました。

私も、改めて山本さんに挨拶しましたが、今度は何の抵抗もなく話をしてくれて、美しい山の写真や、息子さんを16歳で亡くした頃から始めたという見事な写経の数々を見せてくれました。

そして、「今日はこれで失礼します」と握

手をしながら、挨拶をすると「また、会いたい」と言って下さり、「分かりました。必ず、また来ます」と約束をして別れました。

「NHKに殺されかけた」と怒鳴られたのが、わずか4日前の事だと考えると、何だか不思議な気持ちになりました。

この後しばらく、私はクローズアップ現代の放送へ向けた準備に入り、山本夫妻と会うことはできませんでした。

1週間ほど経って、編集作業をしているところに康子さんから電話がありました。康子さんの話では、「コミュニケーションが見違えるように改善し、体調も良いようなので、病院と話し合い退院することになりました。これも、フランスの方と出会えたおかげです。本当にありがとうございました」といううれしい報告でした。

退院の予定日は、私たちがクローズアップ現代の放送を予定している日と同じ、2月5日。

山本さんも、自宅のテレビで番組を見るのを、楽しみにしていると伝えてくれました。

その翌日、この一件を食事をしながらプロデューサーに報告し、「それは、良い番組を作らなければいけないね」と話し合っていた最中に、康子さんから電話がありました。夫がその日の未明に、心不全を起こし、亡くなったという報告でした。

介護など高齢者をテーマにした番組を取材していると、当然、このような事が起こりえます。

それにしても、あまりにも急な事に驚きましたが、実際は腎臓《じんぞう》に腫瘍《しゅよう》があることなども分かっており、いつ、このようなことが起きても不思議ではない状態ではありました。

しかし、山本さんが亡くなった以上、遺族の気持ちを考えれば、放送は難しくなります。康子さんにお悔やみの言葉をお伝えした上で、放送を辞退させて頂く旨を説明しようとしたところ、「主人は、放送を楽しみにしていました。どうぞ、そのまま、使って頂いて結構です」と言って下さったのです。

正直に言えば、あれほどのやり取りを、そう簡単に別の取材で替えることは難しいことは明白です。

康子さんの言葉を、本当にありがたく受け止めながら、山本夫妻の気持ちを裏切ることのないような番組を作ることを肝に銘じました。

クローズアップ現代「見つめて 触れて 語りかけて ～認知症ケア〝ユマニチュード〟～」は、当初の予定通り、2月5日に放送になりました。

「テレビで初めて本格的に紹介された「ユマニチュード」は、認知症の人への対応に悩む病院関係者のみならず、自分の将来に不安を抱える中高年世代や、家族が認知症になって悩みを抱えている方々などから、「医療現場だけでなく家族や周りの人みんなにかかわる大事なケア手法であることが分かりました（60代、男性）」「このような取り組みがあると知るだけで、家族にとってはありがたい。全国的に広がることを願っています（50代、女性）」など、高い評価を得ることができました。

放送の直後に、山本さんの妻、康子さんと電話で話をしました。

こちらから、改めて、今回の番組への協力にお礼の言葉を伝えると、康子さんから次のような話を打ち明けられました。

実は、卓一さんが亡くなった後、私たちの放送を許可するという康子さんの決定に、娘さんは最初、「テレビなんて、どんな風に使われるか分からないから」と反対していたそうです。

それに対し、康子さんは、「これは、お父さんも望んでいたことだ」と説明したものの、子どもたちがどう思うか、とても心配していたそうです。

すると、番組を見た娘さんから、「お父さんらしく伝えてくれて、NHKにお礼を言わなくっちゃね」とわざわざ電話してきたんですよと、知らせてくれたのでした。

テレビの取材は、時として良いことを伝えようと考えても、心ない人々から取材の当事者が予想外の言葉を投げかけられ、傷つくというようなことが起きることがあります。

だから、取材の交渉をする時に、「絶対に迷惑を掛けるようなことはしません」と言うことはできないのです。

最終的には取材を受けてもらう決断は、自分でしてもらうしかない。

それだけに私たちは、協力してくれた相手に迷惑をかけないようできる限り気を遣うし、守る責務があると思っています。

放送の翌日、番組のホームページの投稿欄に、1つのメッセージが届きました。

それは、山本さんの娘さんからのメールでした。

「昨日は素敵な番組をありがとうございました。

いつも前向きであった父の生きる力と母の愛がそのまま伝わってきました。一人の人間としてきちんと尊厳を持って関わると、人間の持っている力が思っている以上に出てくることを再確認しました。

尊敬をし、また自慢の両親でもあります。

あんなに素敵な番組にしていただきありがとうございました」

取材を受けてくれた当事者に喜んでもらえる番組を作れたことにホッとしながら、涙が出るほどうれしい連絡でした。

●ユマニチュードを家族に伝える新たな取り組み

もう一人、番組で取材した忘れられない方が、94歳になる深田あい子さんです。

２０１３年11月、肺炎で東京・世田谷区の自宅から東京医療センターに救急車で運ばれ、そのまま入院することになりました。

それまでは軽い物忘れをする程度で、体操や散歩を日課にするなど、日常生活に特に支障はありませんでした。

ところが、入院当初に認知機能が低下し、ベッドの柵《さく》を乗り越え、歩き出そうとしたり、点滴を抜き取ろうとする行為が頻発。

やむを得ず、体をベッドに拘束し、ミトン型手袋を装着しました。

深田さんの息子の髙《たかし》さんと妻の浩子さんによれば、それまで、いつも穏やかだった深田さんが、この時ばかりは、ミトンを歯で食いちぎろうとしたり、会話がまったく成り立たなくなり、もし肺炎が治っても、このまま認知症が悪化し、寝たきりになるのではないかと心配していました。

入院から1か月余りが過ぎ、深田さんの体調は一時より、だいぶ回復しました。

ところが、会話ができるまでに回復したものの、いつも自分が生まれ故郷の岡山にいると錯覚することが増え、その同じ話が2、3分ごとに延々と繰り返されるようになりました。

また、意欲の低下も進みました。

以前、足の付け根を骨折し、歩くのはあまり得意ではありませんでしたが、杖《つえ》を使えば近所に散歩に行くこともでき、近くの神社にお参りに行くのを楽しみにしていた深田さん。

それが、歩くと痛いと言って、リハビリがうまく進まない状態です。


毎日のように深田さんを見舞い、つとめて明るく、早く元気になるよう励ます髙さんと浩子さん。

できれば、家でこれまで通り、一緒に暮らせるようになればうれしいけれど、この状態が続くようなら、介護施設に預けることも考えなければなりません。

しかし、比較的軽い負担で入れる特別養護老人ホームは、何百人もの待機者がいる状態で、簡単に入所できる保証はありません。

この日も、何度も聞いた故郷の話が繰り返され、髙さんは、がっくりとうなだれていました。

深田さんの入院した東京医療センターは、ユマニチュードの普及に奔走する本田美和子

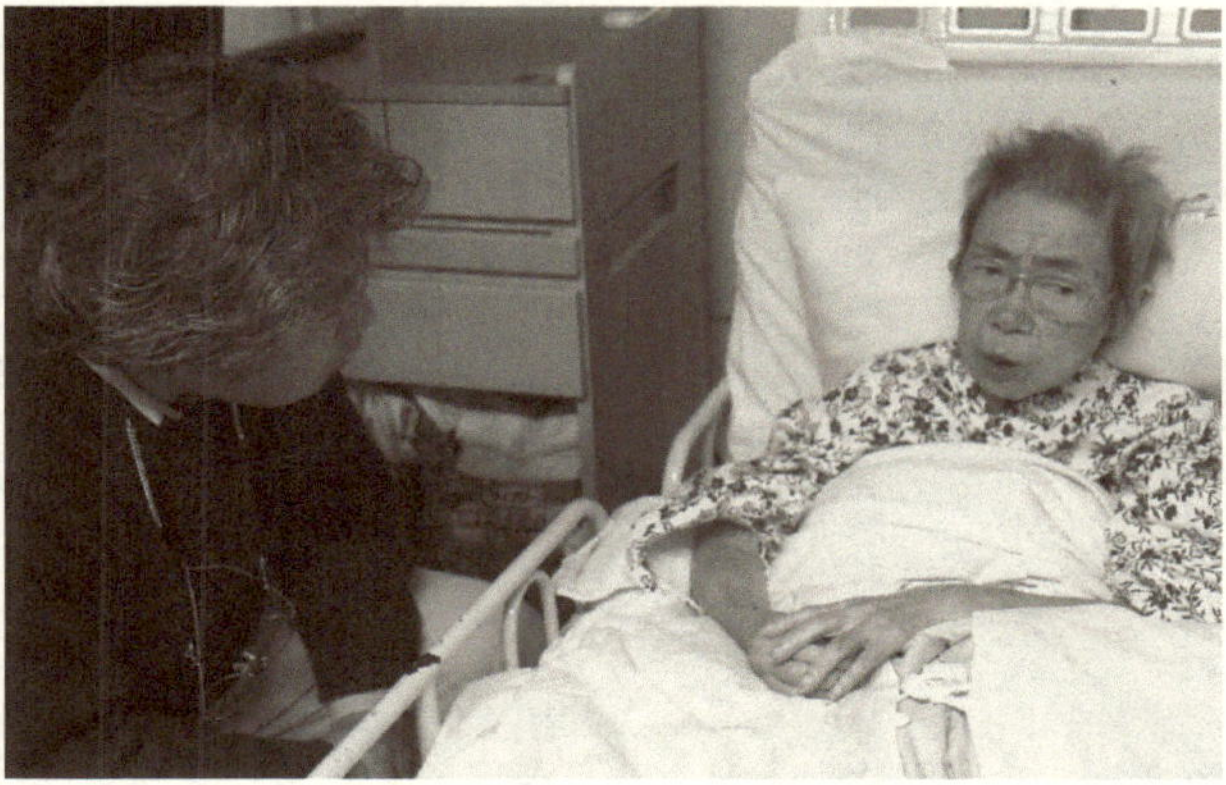

肺炎で入院した深田あい子さん（94）と息子の高さん

先生が働く職場です。

ユマニチュードの考案者であるイヴ・ジネストさんを招いたユマニチュードの研修を、日本で最初に行った医療機関であり、日本におけるユマニチュードの拠点基地であり、発信源といっても過言ではありません。

一方、東京医療センターは急性期病院で、たとえ、認知症の症状が進んでも、早期に治療が必要な病気やけがが治れば、療養型の病院やリハビリ病院への転院や退院を求められます。

取材中、東京医療センターに入院し、歩くことができなかった男性が、ジネストさんやユマニチュードを学んだ看護師さんのケアを受け、歩行リハビリに取り組めるようになるほど回復したものの、転院先の療養型病院ではリハビリに力を入れてもらえず、すっかり寝たきりの状態にもどってしまったという家族からの嘆きの声も聞きました。

ユマニチュードの普及は日本では、まだまだ始まったばかりです。

もちろん、ユマニチュードという技法でなくても、認知症の人に人間らしく対応する介護施設なども少なくありませんが、身近にいる家族が身につけることができれば、大きな力になります。

そこで、東京医療センターを出た後でも、引き続き、家族がユマニチュードを生かした関わりを持てるようになるモデルケースとして、深田さんの家族に、ユマニチュードの指導をしていくことになりました。

●〝認知症であることを忘れてました〟

肺炎で入院した後、認知症の症状が悪化した深田あい子さんが、病院を出てからも生かせるように、家族にユマニチュードを教える役割を担ったのが、総合内科病棟の副看護師長である林紗美看護師です。

最初に手ほどきを受けたのは、妻の浩子さん。

林看護師から、ケアをする時に、正面から目を見つめること、お世話をするときは、つかむのではなく本人が動こうとする意志を生かして下から支えること、穏やかな声で話し掛け続けることなどが伝えられました。

そして、すぐに実践スタート。

浩子さんは、まるでにらめっこのように深田さんに顔を近づけて、体を拭《ふ》き始めました。出だしは順調で深田さんは、機嫌良く、体を拭いてもらっています。

浩子さんが「おばあちゃん、手を上げて下さい」と声に出し、それに応えると、すかさず林さんが、「わあ、しっかり上がりますね」と、少し大げさなぐらい深田さんをほめていきます。

そして、これまで深田さんがやろうとしなかった自分でお尻《しり》を持ち上げてズボンを着替える動作を、この日は成功させることができました。

「今までだと自分の都合に合わせて、おばあちゃんを動かしちゃうようなところがあったんですけれど、それではやっぱりいけないし、おばあちゃんを尊重するという意味では、やっぱりコミュニケーションを取りながら、おばあちゃんの意見を聞きながらやっていけば、嫌がらないでやってくれるんじゃないかと思います」と浩子さん。

最後に林看護師が、「お家《うち》の人にやってもらえると、気持ちいいですねぇ」と声を掛けると、深田さんは、「気持ちよかった。ありがとう」とひと言。

浩子さんは帰り際、「あのひと言で、報われます」と、とてもうれしそうでした。

翌週、今度は息子の髙さんと一緒に、歩く訓練に取り組むことにしました。

この日は、ジネストさんと本田先生も応援に駆けつけました。

車いすでエレベーターホールに移動した後、ジネストさんと林看護師のサポートで、深田さんは久しぶりに歩くことができました。

大喜びする髙さんと浩子さん。

深田さんは、しっかりと手を支えてくれたジネストさんに、大胆にもキスで感謝を伝えます。

その積極的な姿勢には、見ている私たちの方が驚かされ、深田さんも、息子さん夫婦も、林看護師も、ジネストさんや本田先生も、そして、取材していた私たちも、全員が笑顔になり、心がとても暖かい気持ちで満たされました。

そして、ユマニチュードのアプローチが行われている時には、深田さんは故郷の話をほ

深田さんの息子夫婦にユマニチュードの説明をする林紗美看護師

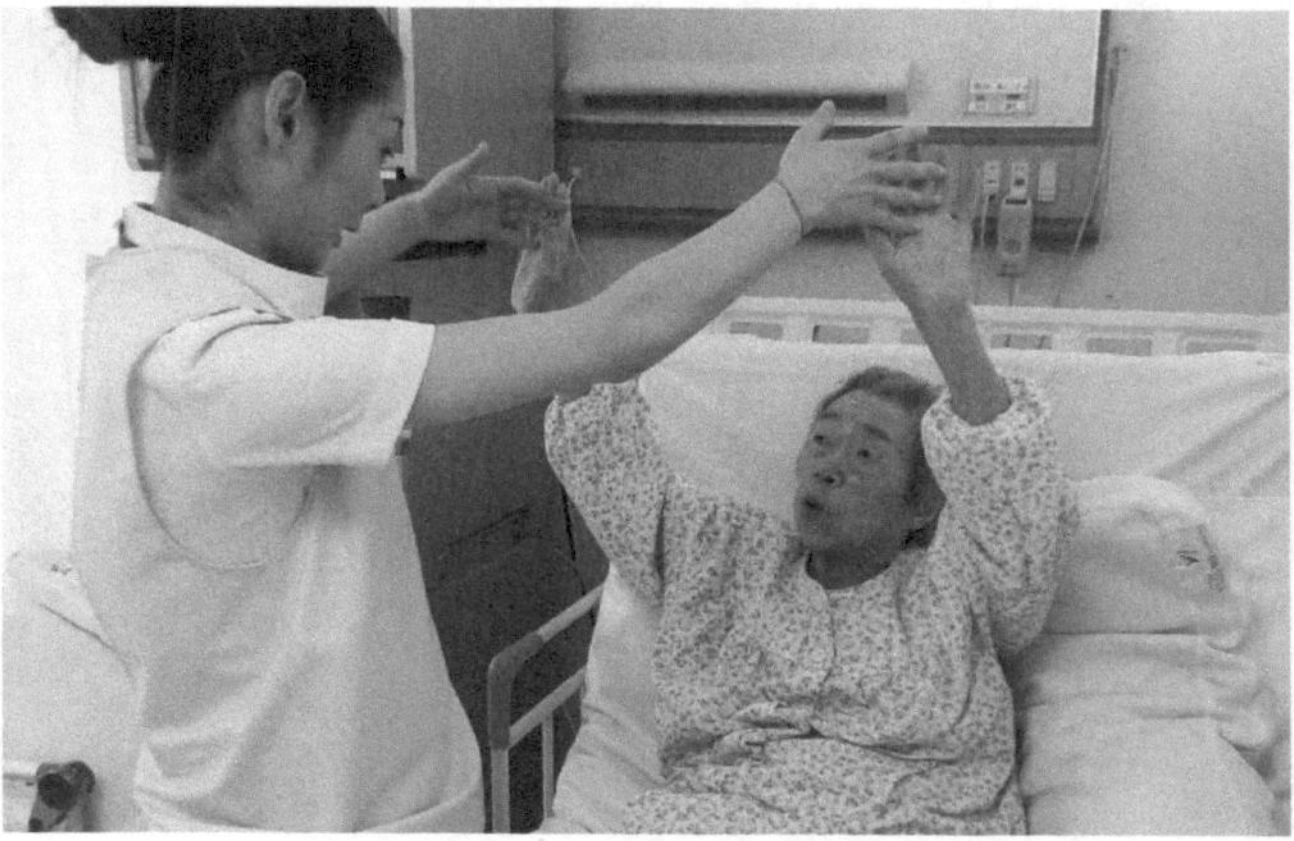

ユマニチュードのケアで意欲を取りもどす深田さん

とんどすることがありませんでした。

髙さんは、「母親が認知症だということを忘れていた」と驚いていました。

それから半月ほどで、深田さんは東京医療センターから自宅近くのリハビリ病院に転院しました。

年齢のこともあり、調子に波はあるものの、現在は、歩行器を使って20メートル近くを自分だけで歩けるまでに回復しました。

そこには、髙さんと浩子さんが深田さんに接する時の、目を見て、話しかけ、触れる、ユマニチュードの基本が、わずかでも、影響を与えているように思えてなりません。

●総合内科病棟の看護師が感じるジレンマ

クローズアップ現代で紹介した調布東山病院と東京医療センターの2つのケースは、どちらも、認知症の人と絆《きずな》を結ぶ重要な役割を、ユマニチュードのインストラクターとして、非常に優れた技術を持つ東京医療センターの林紗美看護師が担っていました。

美しさに加え、相手の心を溶かすような笑顔は、取材スタッフの間でも、「自分の親にケアが必要になったら、こういう看護師さんにお願いしたいものだ」とか、「あの笑顔は、ユマニチュードを超越している。反則だ」などと、余計なお世話以外の何物でもない議論のタネになるほどでした。

しかし、取材に先立つ打ち合わせの時などは、患者さんに接する時のあの優しさはどこに行ったのかと思うほど、厳しい指摘を繰り出してきます。

それらは、自分たちが預かっている患者さんという病やけがを抱えた人たちに、不必要な迷惑はかけさせないという強さとプロ意識を感じさせるもので、とても好感が持てました。

冗談で、「ユマニチュードで患者さんに対応する時と、随分違いますね」と言ったら、「ふだんは、文句も不満も言いますよ」と言われ、なるほど、ユマニチュードは個人の性格などではなく、技術なのだなあと妙に納得したのを覚えています。

その林看護師に、どうしても聞きたいことがありました。

ユマニチュードが、認知症ケアの分野で、優れた威力を発揮する技術であることは、取材を通して、かなり確信を持てました。

しかし、日本では、人手不足に苦しみ、朝から晩まで多くの仕事を抱え、それでいて十分な賃金を受け取ることができず、苦悩する医療や介護の職場があり、スタッフがいるという現実があります。

人と正面から向き合うためには、それだけ多くの時間が必要になります。

本当に、忙しい職場に、ユマニチュードを普及させることはできるのか、現場で働く看護師から、直接、答えを聞きたかったのです。

その質問に対し、林看護師からこんな答えが返ってきました。

「確かに最初は、ふだんから忙しいのに、また何か新しいことをやらなければいけないのかと思って、現場にこれ以上、新たな負担をかけるようなことは、もう無理じゃないかなと思っていました。

けれど、実際にやってみると、状況が理解できず協力が得られない方やケアを拒否する方には4人、5人が集まって、何とかなだめたり、動いてもらおうと一生懸命、力を使ったり。それでも20分、30分かかって、やりたかったケアができないこともあります。

それが、ユマニチュードをすることで、確かに丁寧にすごく時間をとっているように見えるけれども、結果としては、とてもスムーズに、こちらがやりたかったこともすぐできる。患者さんが一緒に協力してくれるので、その分、自分の体も楽なので、お互い楽に、スムーズに終わらせることができるのです」

しかも、総合内科病棟で働く看護師には、仕事へのやりがいにつながるある特別な理由があることも教えてくれました。

高齢者の治療をすることが多い総合内科では、入院患者の中で急増する認知症の人たちに、自分がなぜ病院にいるのか、どんな治療を受けているのか、理解してもらうことができません。

「よくなってほしい」と思って一生懸命関わってみるけれど、認知症の人と心が通ったと感じることはなく、思いを届けることができないというジレンマを抱えていたと言います。

まして、ケアをしようとすると、まるで悪い事をしているかのように怒鳴られたり、「やめて」「こないで」と拒絶され、自分は何をやっているのかと、仕事へのやりがいを感じることができなくなったり、仕事が辛くなったりして、やがて「こんなことをしたくて看護師になったわけではない」と心が折れて、仕事を辞めていく仲間もいたそうです。

それが、ユマニチュードと出会い、大きく変わったというのです。

「ユマニチュードのケアを通して、認知症の高齢者ともスムーズにコミュニケーションが取れるようになり、こちらが何をやりたいかをうまく伝えることができるようになりました。『いやだ』『やめて』とケアを拒否していた人が、『来てくれてありがとう』と言ってくれるようになりました。笑顔や会話が増え、患者さんがやりたい事、考えている事が理解できるようになりました。

また、以前なら、認知機能が低下している患者さんが突然立ち上がることは、危険な状況だと感じていましたが、認知症への理解が深まり、ただ何か用事があって動き出そうとしただけで、何の問題もないことが分かり、拘束以外の方法で安全を守るために何をしたらいいのかを考えるようになりました。

看護の力で患者さんの健康を良くすることができる。

看護師として、できることがある。

高齢者の健康を改善するプロとしての仕事ができるようになりました」と言うのです。

今では、ケアを通して知る事ができた患者の状態を医師と共有し、拘束の原因となる点滴が本当に必要かを時には看護師の方から提起し、それを積極的に議論するような雰囲気が現場に生まれているそうです。

このような状況の変化により、林看護師は同僚からも、「仕事が楽しくなった」「やりがいを感じる」という話をよく聞くようになりました。


フランスで2010年に行われた調査では、パリの南にある70人の重度の要介護者が入居する老人ホームにユマニチュードを導入したところ、入居している高齢者が健康を害して医療機関に入院する日数が、のべ457日から265日と前年の58％に減少していることが分かりました。

これは、入院費およそ3700万円の削減に当たるとしています。

また、看護師や介護士の欠勤が、42％減少。

さらに、一部の向精神薬の使用が、43％削減されたという結果が出ています。

ユマニチュードは認知症の人だけでなく、ケアをする側の人たちに、生きがいや喜びを感じさせ、経済効果も生まれる可能性を秘めているのです。

●介護施設でも求められるユマニチュード

認知症の人のケアに悩むのは、何も医療現場のスタッフだけではありません。

介護の現場でも、ユマニチュードへの関心と期待が高まっています。

栃木県宇都宮市にある特別養護老人ホームみどりは、「高齢者が自らの意志に基づき、自立した質の高い生活を送ること」を目指し、２００８年に設立されました。

定員は50人で全室個室。

一方で、人と人との関わり合いを重視し、地域行事やコンサートなどのイベントを開催したり、排泄《はいせつ》の自立を目指すオムツはずしなどの取り組みを積極的に進めてきました。

2年前、この施設に入居した88歳の岡四平さんは、アルツハイマー型認知症と診断されて今年で12年目になります。

地元の老舗《しにせ》和菓子屋に30年以上勤め、手作りの和菓子を作り続けた腕の良い職人で、誰からも好かれる社交的な人でした。

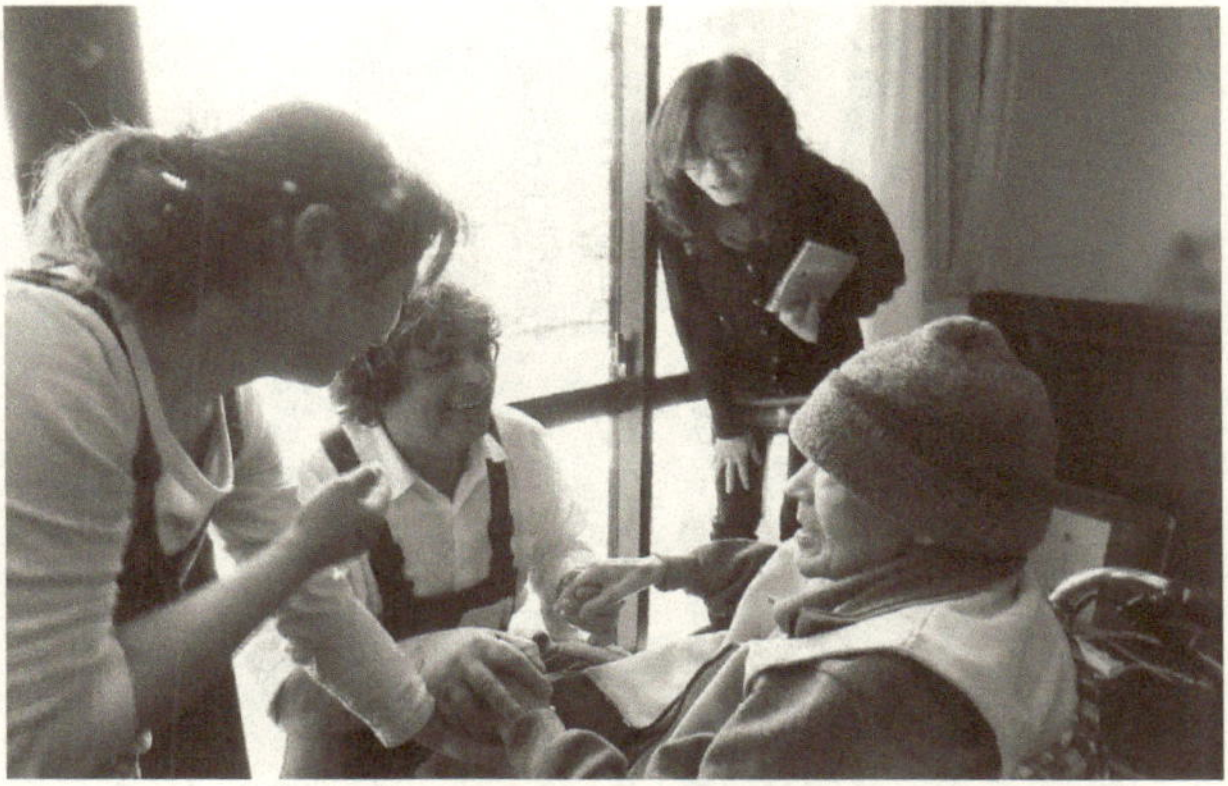

ジネストさんのケアで2年ぶりに歩けた岡四平さん（88）

2年前、デイサービスで転倒し、左足の大腿骨《だいたいこつ》を骨折。

歩くことができなくなり、この施設に入居しました。

3か月におよんだ入院生活で、ほとんど話をすることができなくなりました。

機嫌が悪かったり、ケアを受けている時に、スタッフをつねったり、叩《たた》いたりするため、コミュニケーションを取るのが難しく、リハビリがまったく進んでいませんでした。

2013年3月、この施設にユマニチュードの考案者、イヴ・ジネストさんと東京医療センターの本田美和子先生が訪れました。

この施設と親交がある東京都健康長寿医療

センターの研究員で、ユマニチュードのインストラクターでもある伊東美緒看護師の仲立ちで、入居者が尊厳を持って暮らせるケア技術の1つとして、ユマニチュードを学ぼうという狙いからでした。

ジネストさんたちは、施設の責任者や担当の介護福祉士から、担当医師の評価や現在の体調、本人や家族がどのような要望を持っているかを丁寧に聞き取り、ケアを開始しました。

言葉を話さず、コミュニケーションを取るのが難しい岡さんに対しても、ジネストさんたちは、正面から目を見つめ、優しく話しかけ、下から支えるように触れながら手足を動かしてもらい、岡さんが歩ける状態であるかを確認してゆきます。

そして、ジネストさんたちの補助を受けながら、岡さんは2年ぶりに歩くことができました。

ジネストさんたちが岡さんへのケアを始めてから、わずか20分後のことでした。

それまで、何とか岡さんとコミュニケーションを取ろうと試みながら、うまい方法を見つけることができなかった介護福祉士の田崎寛子さんは、岡さんの歩き出す姿を見て、思わず涙があふれるのを止められませんでした。

ユマニチュードを「まるで魔法のよう」と評していた田崎さんを、3か月後、再び訪ねると、前に会った時と比べ、穏やかな表情をした岡さんとリハビリに取り組んでいるところを見せてくれました。

認知症の高齢者に自分の優しさを伝えるには、思いはもちろん、技術が必要です。

人間は、人間らしい対応を受けて、初めて人間でいられる。

ユマニチュードは、私たちに、人間とは何かを問いかけています。

第3章　ユマニチュードの哲学

〜考案者　イヴ・ジネスト氏インタビュー〜

ここで改めて、ユマニチュードの考案者であるイヴ・ジネストさんから、「人とは何か」「ケアをする人とは何か」というユマニチュードの根本にある哲学について、話をしてもらいましょう。

これは、クローズアップ現代の取材のため、東京医療センターの会議室でおよそ4時間にわたって行われたインタビューをベースに、その後の取材で得たジネストさんの言葉を加えたものです。

ジネストさんの話は、具体的な事例を挙げ、時にユーモアを交えながら、ユマニチュードの理解を大いに進めるものでした。

実際の放送では、ジネストさんと本田美和子先生に、共にスタジオゲストとして出演してもらうことになったため、このインタビューはほとんど活用されませんでした。

いつも陽気で満面の笑みを浮かべているジネストさんが、現場で時折見せるビックリするほどの真剣さの裏には、こんな熱い思いがあったのかと感じずにはいられない、思いあふれるインタビューでした。

●絆《きずな》の哲学

・まず、お聞きしたいのは、ジネストさんがよく口にするユマニチュードの哲学です。いったいどういうものなのでしょう？

「ユマニチュードの哲学とは、人と人との間に生まれた『絆』を中核とする哲学です。重い病に侵されたり、認知症や、昏睡《こんすい》状態に陥ったりすると、人間同士が本来持っている関係性の絆が切れてしまいます。

病状がどうあろうとも、最後まで人間を人間として感じていられるように、私たちは、ユマニチュードを用いてその絆を再び確立します。

これは、相手を人間として認識する哲学なのです」

「『良心なき学問は、魂の廃墟《はいきょ》でしかない』と我らが親愛なるラブレー（フランソワ・ラブレー。フランスの人文主義者、作家）は言っています。

私たちの営みは、人間が人間として尊重されることを、より豊かに進めるものでなければなりません。

医療行為やケアは、その人が豊かな生き方をするためになされるものであり、それ自体が優先されるものではないはずです」

「ユマニチュードは家族やケアをする人、付き添う人、介助する人、友人たち、赤ちゃん、そして認知症を患う高齢者など、全ての人たちが、互いに平穏に、調和して生きることを可能とするものです。他者と心穏やかに生きることを可能とするものなのです」

●認知症の世界

・私たちは認知症の人と接する時、どんなことに注意が必要なのでしょうか？

「認知症高齢者のケアが難しい点は、相互理解ができないため、コミュニケーションが断たれてしまうことにあります。

認知症の人は時として、私たちの世界に来ることができなくなります。

実際には95歳なのに、18歳だという人がいます。

しかし、だからと言ってその人に『現実は違う』と言うことは、その人にとって存在し

ユマニチュードの考案者イヴ・ジネストさん

ていない世界を押しつけることになってしまうのです。

認知症の高齢者が私たちの世界に来ることができないのであれば、私たちの方から赴けば良いのです。

その人の世界に私たちが入れば、その人も私たちの世界に帰ってきやすくなるのです」

「1つの例を挙げましょう。

私がアルツハイマー型認知症の人に語りかけたとします。

私が、彼女の傍らに座って横から大きな声で話しかけたり、大げさな動きをしても、私の存在にまったく気がつきません。

これを私たちは〝関係性における盲ろう状

態〟と呼んでいます。

　多くの家族が、自分の親がアルツハイマーになった時に、周りの声が聞こえない、物が見えないというような症状が現れるのを知っています。

　だから、そういった場合に唯一の有効な方法は、遠くから相手の視界に入って近寄って、アイコンタクトを図って、アイコンタクトが成立したら2、3秒以内に優しく話しかけ、それと同時に体の敏感でない部分、例えば肩や腕に優しく触れるのです。認知する機能が著しく低下している場合には、20センチメートル程度まで近づくことが大切です。

　母親が赤ちゃんに話しかけるぐらいの距離を保つことで周囲の環境に注意を分散されることなく、目の前のあなたに集中してもらうことができるのです。

　すると多くの高齢者が、こちらが示す優しさを受けとめ、両腕を開いて優しく微笑み返してくれます。

　困難の多くは、人間関係を成立させる技術が不足しているから起きるのです」

「これまでも多くのコミュニケーションを取るのが困難な患者さんと会ってきましたが、攻撃的な人には一度も出会ったことがありません。

ドアの陰に隠れて、待ちぶせして叩《たた》くなどということをされたこともありませんし、そんなことをしたという人を見たこともありません。

そもそも、認知症の人はそんな計画を立てることができないからです。

攻撃的と言われる場合、ほとんどが防衛的な反応をしているだけなのです。

いきなり、見知らぬ誰かに下半身に手を入れられたら、誰でもレイプから身を守るため、防衛的な行動をとります。

ケアをする人が、自分が相手にとって敵ではないことを、本人の感情に訴える必要があるのです」


「本人が何を求めているのか、知ることが何よりも大切です。

そして、人間関係を成立させる、コミュニケーション技術が必要です。

優しさに基づいた技術です。

私たちは優しく、ケアをしているのだと伝える技術です。

優しい人で、ケアをしてくれる人だと分かれば、相手もそれを受け入れ、すごく優しく協力的になります。

手に手を取って立てるようになります。

そして、立って体を拭《ふ》いたり、家の中を歩けるようになります。

そうすれば、寝たきりにはなりません。

それを可能にする最も基本的な条件は優しさなのです」

「世界中で認知症の人は、暴力的になる、寝たきりになる、体の拘縮（関節の動きが制限された状態）が進んで、悲惨な人生の終焉《しゅうえん》を迎えると考えられていますが、これは完全な間違いです。

適切な援助があれば認知症になっても人生の最期まで、自分の足で立ち続けることは可能です。

しかし、そのためには、ケアに必要ないくつかの技術を学ばなければなりません」

「もし、あなたのことが誰だか分からなくなったとしても、あなたに微笑み続けることはできるのです。

あなたの頬を両手でつつんでキスすることもできるのです。

なぜなら、心の中で感情と感情のつながりは、完全な状態で生き続けているからです。

高齢者は、自分の人生をずっと生き続けてきたその人のままなのです」

●第三の誕生

・ユマニチュードのアプローチは母親と赤ちゃんの関係に共通するところが多いですね？

「誰かと人間関係を築く際には、好意を感じる視線や、優しく触れられることが必要なのです。

自分は人間だと感じることができる言葉が必要なのです。

赤ちゃんが生まれると、母親は赤ちゃんを、暖かい眼差《まなざ》しで見つめ、穏やかに話しかけ、優しく触れます。

赤ちゃんは触れられること、目を合わせること、優しく前向きな言葉をかけられることで、人間の世界に受け入れられた喜びを感じることができるのです。

そして、成長して恋をしたら、相手に優しい言葉をかけ、愛撫《あいぶ》し、眼差しを長く投げかけます。

そのサインを、生涯送り続けているのです。

そのようなことから、私は人間には生物としての誕生である『第一の誕生』と、人間という種族としての認識を確立する社会的な誕生である『第二の誕生』があると考えています」

「ところが、認知症になると、『見る』『触れる』『話す』ことによる絆を、周囲からいっさい与えられなくなってしまうのです。

いかにケアする人が優しくても、家族がその人のことを思っていても、ケアをする際に手をつかみ、相手に攻撃されているという印象を与えてしまいがちです。

眼差しは、ほとんど向けられず、30分のケアで、20秒も話しかけられればいい方です。

そこで、私たちは、その人がどんな状態にあろうとも、『あなたは人間である』『人間として、そこに存在し続けている』というメッセージを伝える技術であるユマニチュードを開発したのです」

「その結果、ユマニチュードで多くの認知症の人が、人と人との絆を取りもどし、3年間、まったく話さなかった人が話しかけるようになったり、キスまでしてくれるようになるのです。

これは、人間としての『第三の誕生』と言えるのではないでしょうか」

「ただ注意しなければならないのは、高齢者は赤ちゃんとは違うということです。認知症の人が〝赤ちゃん返り〟するというのはまったくの間違いで、認知症になりコミュニケーションが難しくなっても、豊かな人生経験を積み重ねてきたことに変わりはなく、子どもあつかいはその経験に基づいたその人らしさを否定することになるのです。

豊かな感情記憶に基づいた判断をしていることにおいて、経験のない赤ちゃんとはまったく状況が異なっているのです」

●〝抑制〟の何が問題か？

・今、医療の現場では、認知症の人に拘束をしたり、薬で活動を抑えたりということが起きています。そのような状況をどう見ますか？

「様々な国の病院における私の経験に基づいて言えば、この問題は日本だけでなくどこでも共通して抱えている問題です。

高齢者が病院へ来ると、医療の遂行と、患者を『立たせる』『歩かせる』『動かす』ことの重要性の認識不足によって、わずか数日で健康状態が急激に悪化してしまいます」

「私は、寝たきりの90%は、『医原性』だと考えています。

すなわち、病院や施設の中で、寝たきりが作られていると感じているのです。

アルツハイマー型認知症の人なら、正しく対処すれば、決して寝たきりで人生を終えることはありません」

「例えば、栄養を取るためのチューブを装着する前に、自分で食事を摂取する可能性を奪っていないでしょうか？

ケアする人は、本当に認知症の人に食事を食べてもらう技術を持っているでしょうか？

たとえ食欲があっても、フォークとスプーンが何の道具だか認識できなくなったため、食べられなくなってしまう人もいるのです」

「たくさんの専門的な知識が必要です。

そうした知識を持っていれば、チューブをなくすことができるのです。

その結果、チューブを外すのを心配する必要がなくなり、身体拘束をしないで済むようになります。

人々は健康になるのです。

最期まで自分の足で歩けるようになるのです」

「私が関わっているフランスの施設では、もう何年も褥瘡《じょくそう》が一件も起こらない所があります。

たったの一件もありません。

しかし、ベッドに拘束され、寝たきりの状態では、すぐに褥瘡ができてしまいます。

拘縮も起きます。

そして、まるで獣のように抵抗するようになってしまいます」

「私は、日本の社会に問いかけます。

一体誰が2か月もベッドに縛られることを受け入れられるでしょうか？

誰が、白い天井だけを見つめて生きることを受け入れられるでしょうか？

そんな人は一人もいません。

誰も、そのような状況では生きられないのです」


「私たちは医学的な治療のことばかり考えてしまって、本来その人にしなければならないこと、してはならないことを忘れてしまっているのです。

私は全ての高齢者が、尊厳を持って、年をとることができると断言できます。

そして、老化はけっして〝社会の厄介事〟などではないということです」

●なぜ、「人間」が置き去りにされるのか
・認知症の「症状」ではなく、「人間」として対応することの大切さはどこにあるのでしょう？

「ケアの現場では、歴史的に人間に注目してきませんでした。

かつて、多くの現場のスタッフは、ケアとは『褥瘡』のケアをすることだと考えていました。

そのため、看護師は『○○さんのケアやった？』とは言わずに『12号室の褥瘡の処置やった？』などと話し合います。

患者の数が多い大病院などでは特にそうです。

やらなくてはならない仕事をやったかどうかではなく、その人がそこにいる、人間として存在しているということに、もう一度、立ち返る必要があるのです」

「50年前、80％の癌患者は亡くなっていましたが、治療技術の進歩で現代は半分以上の人が助かるまでになっています。

同様に老年医学も進歩しています。

進歩に応じた知識や技術を私たちは常に学び、実行していかなければならないのです」

「老年医学は、比較的新しい学問です。

老年医学によるピック病、アルツハイマー病、認知症等の研究は、現在、解明の途上にあります。

私たちは、今、患者に何をすべきなのかを理解している最中なのです。

確かなことは、旧来の古典的な医療体系は、これらの患者に適切なものではないということです」

「私は日本で、スタッフの、看護師の優しさと思いやりに驚きました。

でも、彼女たちの知識がまだ不足していることは明らかです。

高齢者に対しては、多くの技術を生かして食事を提供しなければ、食事をとらなくなってしまう可能性があります。

認知症の高齢者は、食べ物の味を感じにくくなっています。

食べなくなって当然です。

そこに、生姜《しょうが》やスパイスを加えるだけで、再び食事をするようになることもあります」

「もし、それを知らなければ、入院して、チューブを入れた状態になってしまいます。

「ユマニチュードは相手に優しさを伝える技法だ」というジネストさん

すると、チューブを外してしまわないように、身体拘束しなければならなくなる。拘束すると起き上がれなくなり、歩けなくなります。

これらの状況が重なって、認知症の人を誰も望まないような、寝たきり状態にしてしまう可能性があるのです」

「理解しなければならないのは、物事を変えるのはとても大変なことだということです。私が全世界で直面するのは、自分の仕事に喜びを感じていないケアをする人たちです。

嘆き声がいたるところで聞かれ、自分の仕事に自信が持てなくなり、燃え尽きて仕事を辞めてしまう人たちもいます。病気による休職もめずらしくありません。

ケアをする人たちは、良いことをしたいと思っています。

しかし、人員不足や誤った習慣、技術不足等が原因となり、なかなかうまくいかないことがあります。

それが、今、述べたような問題を引き起こしている可能性があります。

それでも、私は最後には、きっとうまくいくと思っています。

なぜなら、ケアに関わる仕事は、世界で最高に素晴らしい仕事だからです」

●ケアの本質とは何か?

・ケアを行う場合、相手の状態によって目的に違いがあるのでしょうか?

「ユマニチュードの哲学では、ケアのレベルを設定します。

私たちはまず、『健康を改善する』ためにケアをします。

次に、それができなければ、『健康を維持する』よう努めます。

そして、維持することができなければ、死に至る日まで『付き添う』ケアをします。

いずれにしろ大切なのは、決して患者の健康を害してはならないということです」

「立って体を拭くと、筋肉が鍛えられ、骨にカルシウムを定着させ、呼吸機能が弱まるのを防ぎます。

それに対し、ベッドで体を拭くことは、付き添うケアに当たります。

しかし、本来は立つことができる人であるのに、ケアをする人の〝優しさ〟から、寝たままの状態で体を拭くことは、誤ったレベルのケアを行っていることになってしまいます。

ケアをする人は、１つの行為を行う度に、それが適切なレベルのものであるかどうかを、自らに問う必要があるのです。

健康を改善するのか、健康を維持するためなのか。

果たして、そのケアが患者の健康を害するようなことになっていないかを」

「そして、患者の健康を害することにつながる強制的なケアを行わないことを常に自覚しておくことが大切です。

患者が洗って欲しくないと思っているにもかかわらず、患者の体を洗う。

良い仕事をしたと考える人もいるでしょう。

体を洗った結果、患者さんは清潔になったのですから。

しかし、強制ケアを行うことで認知症が悪化する場合が少なくありません。

認知症の症状を悪化させ、認知障害を深刻化させます」


「強制的なケアを、まったくしなくてすむ技術があります。

患者のためを思って強制ケアをしていた医師や看護師は、それを行うことでようやく、自分自身が本当にやりたかったことができるようになるのです。

これは、ケアをする人に対しても、幸せな気持ちをもたらします。

今日、数多くの施設で見られるような、病気による休職や、燃え尽きて仕事を辞めてしまうことも減らすことができるのです」

・現場の取材をしているとベテランの看護師さんの中には、患者が抵抗しても、ちゃんと治療を遂行できる看護師の方が立派だという価値観があったと聞きました。

「今までは、スケジュール通りに決められた時間にケアできる人が優秀な看護師だとされてきました。

それは、まったくの間違いです。

認知症の人が逆に私たちに教えてくれたのです。

強制ケアは、認知症の人の健康を悪化させます。

ケアする人を不幸にします。

そして、患者さんの家族も不幸にします」

●ユマニチュードはケアの現場に受け入れられるか？
・何を変えていけばいいのでしょう？　どこから手を付けていけばいいのでしょう？

「日本におけるユマニチュードの反響の大きさは、変化への強い欲求を示すものです。

日本では、東京医療センターと共に、わずか2年で研修センターの創設へ向けた準備が進んでいます。

他の地域では、叶《かな》わなかったことです。

大学や多くの民間病院の幹部の方々との大変重要なつながりもできました。

共通しているのは、「良いケアをするという目標です」

「日本におけるケアの文化を変える必要があります。

そして、ケアに革命を起こさなければならないのです。

人間関係から生まれる絆は、何にも優先されるべきです。

苦痛を回避する方法が存在するならば、私たちは人に苦痛を与えてはなりません。

相手を叫ばせてしまうような状況を作ってはいけません。

かつては、時間通りに業務を完了できる看護師が優秀な看護師でしたが、今、その文化が、完全に変わろうとしているのです。

優秀な看護師とは、ケアする相手と良好な絆を作ることができる技術を持っている人なのです」

・医療関係者や介護士には、そんなに丁寧にやるだけの人材がいない、やりたくてもできないという人もたくさんいます。

「ユマニチュードのトレーニングを初めて受けた看護師さんたちの最初の反応は、全世界共通で、『ユマニチュードで良いケアはしたいが、私たちにユマニチュードをする時間はない』『ユマニチュードを行う人手が足りない』というものです。

しかし、実際にケアの時間を測定した施設では、看護師や介護士一人当たりのケアにかかる時間が平均で半日当たり35分間短縮されています。

優しさのケアをすることで、時間は節約できるのです」

「抵抗する人へのケアには、時間がとても長くかかります。

2人、3人、時には4人がかりです。

それに対して、ユマニチュードを用いれば1人か2人でゆとりを持ってケアができるのです。

キスしてくれる人の方が、ひっかいたり噛《か》んだりする人より、簡単に体を拭くことができます。

立って体を拭く方が、ベッドで寝ながら行うより、ずっと時間の短縮になります。

ただ、ここで誤解して欲しくないのは、ユマニチュードの目的は時間短縮にあるのではなく、相手に良いケアをするためだということです」

●家庭でこそ有効なユマニチュードの実践

・どの現場でも、患者をケアする看護師や介護士だけではなく、家族にユマニチュードの哲学や技術を教えることを大切にしているのはなぜでしょうか？

「患者は、私たちのものではありません。

まず、患者本人のものです。

そして、本人を愛している家族たちのものです。

私たちは、お手伝いをするだけです。

自宅に戻った高齢者と直面するのは誰でしょう？

私たちがいなくなった後、ケアを続けるのは誰でしょう？

いずれにしろ、最高のパートナーである家族に伝えられることを全て伝えるのが、私たちの義務なのです」

「ユマニチュードは、家族にとっても極めて有用です。

フランスでは、自宅介護のためのトレーニングをたくさん実施しています。多くの家族がトレーニングを受けています。

一般に認知症患者を介護している人は、寿命が短いと言われます。それだけ介護は大変なのです。

自宅で介護する人へのサービスを確立して、家族を支援しなければなりません」

・高齢者、ましてや、自分の親や身内であれば、やっぱり大事にしたいという思いはすごくあるけれど、人間としてのコミュニケーションが取れず、手間がかかるのも事実です。その負担が今、深刻な問題になっています。

「例えば、ケアをする相手である妻から、1日200回も時間を聞かれます。

『あなた、今何時？』『あなた、今何時？』『あなた、今何時？』と30秒ごとです。

存在を消してしまいたいような気持ちになります。

しかし、そう感じるのは、妻が30秒以上前のことを覚えていられないということを理解していないからです。

質問は本人の不安の表れで、行動を繰り返すのも病気の特徴です。

それに対し、厳しい対応をすれば、本人の不安をますます募らせることになるのです。

ゴールは、本人の不安感を取り除くことです。

そうすると、楽になれるのです。

さらに、時間を再び聞かれないような方法を教えます。

リラックスして、微笑んでいる人々に囲まれていることで、妻もうれしくなり、何度も時間を聞いたりしてこなくなるのです」

「ユマニチュードの特徴の1つは、ユマニチュードが自然ではない点です。

人間というのは、自分の好まないもの、自分がなりたくないものを見るようにできていません。

自分が意識しないうちに目をそらせて見ないようにしてしまいます。これは人間のごく自然な反応です。

その状況であえて、相手の目をのぞきこむアイコンタクトをごく近距離から行うことは、言わば〝不自然〟な対応なのです。

我が家のお年寄りを、深く愛している家族にも同じことが起こっています。

病院内と同じことが起こっているのです。

家族も学ばなければならないのです。

多くの家族が、そうすることで人生が変わったと言っています」

「自宅介護の認知症の高齢者の場合、『見る』『話す』『触れる』方法を学び直すだけで、状況は大きく変化します」

「ユマニチュードを自宅に導入することによって、患者は人間という種に帰属する感情を保持することができます。死に至るその日まで、尊敬を保ち続けることができるのです」

●認知症の人々がくれるギフト

・日本には多くの認知症の人がいます。今、その増加が、社会の大きな問題になっていま

す。それに対して、ユマニチュードはどのような役割を果たすことができるのでしょう？

「老人というのは、全ての文明社会において、先進国において、経済的な負担が大変大きい厄介事だと考えられています。

そのような見方は、自らの親に対するひどい侮蔑《ぶべつ》です。

社会が自分たちの親を、不要な存在だとみなすことは許せません。

もしも社会の重荷であるとみなせば、高齢者はどうやって幸せになれると言うのでしょうか？　高齢者は社会を支えてきた根であり、それをないがしろにする者は、果実を手にすることなど、決してできないのです」

「ユマニチュードが広がれば、高齢者や病気に対する社会と人々の見方を変えることができると思っています。

歴史的に高齢者への尊敬の気持ちを失い、若さにのみ価値を見出《みいだ》すようになった社会は、例外なく破滅の道をたどってきました。

ギリシャもローマも、その顕著な例です。

今、私たちの社会が、同じ道に向かっていないか、自ら省みる必要があります」

「介護が必要になった人たちをしっかりとケアする技術を開発すれば、高齢者は素晴らしいギフトをもたらしてくれます。

現場で仕事をしていると、私たちのトレーニングを受けている研修生たちは、高齢者たちがキスをしてくれた、なでてくれた、微笑んでくれたと言います。

これはケアをする人にとって、何物にも代え難い贈り物です。

そして、まだ能力が残っているうちは、仕事をしている若い親たちの子どもの世話をすることもできるのです。

それらの人たちと人間関係を成立させるスキルや態度を獲得することで、与えてもらえるギフトは膨大なものとなるのです」

第4章　ユマニチュードは日本に普及するか

●在宅復帰した94歳の久万辰雄さん

2014年7月20日に放送されたNHKスペシャル「〝認知症800万人〟時代 認知症をくい止めろ ～ここまで来た！世界の最前線～」は、認知症の最大の原因疾患であるアルツハイマー病を、発症初期、発症し介護が必要になってきた時期、発症する前の予防する時期という3つに分類。

それぞれの時期の、これまでの常識を覆すような認知症対策の最前線の取り組みを伝えることを目的としたもので、私もディレクターの一人として制作に参加し、介護が必要な時期の対策として、ユマニチュードの取材を行いました。

この番組の冒頭で紹介されたのが、認知症が悪化し、寝たきりになるのではないかと心配されるような状態から、在宅生活に復帰するほどの驚異の回復ぶりを見せた東京・調布市に住む94歳の久万《くま》辰雄さんです。

久万さんのケースは、日本における認知症ケアとユマニチュードの役割を考える上で、大切なヒントを示しています。

久万さんは、長年、NTTに勤務し、国分寺の局長やNTT大学部（現在の中央研修センタ）の教官を務めていた人物で、89歳の時に硬膜下血腫《けつしゅ》手術を受けた頃から、認知症の症状が現れました。

妻のかね子さんが買い物に行くと伝えて出かけると、家に帰ってくるなり「どこに行っていたんだ」と詰問したり、知らない人に会って「また会ったね」などと声をかけることが増えました。

2014年1月に、肺炎で東京の調布東山病院に入院してからは、意欲の低下が激しく、大好きだった相撲の中継やクラシック音楽にもまったく関心を持たなくなりました。

一方でちょっとしたことでもすぐに怒るようになり、コミュニケーションが難しく、リハビリがうまく進まないため、家の中ならできていた歩行もおぼつかない状態です。

食欲旺盛《おうせい》で料理教室に通うほどだったのに、食事にほとんど手をつけないまま寝てしまうことが頻繁にあり、肺炎が回復しても、このまま寝たきりになってしまうのではないかと、担当医師やかね子さんは心配していました。

そこに、ユマニチュードを考案したイヴ・ジネストさんが訪れました。

かね子さんは、事前に病院側から、ユマニチュードが認知症の人とのコミュニケーションの改善に効果があると言われていることを聞き、院内で行われた講演にも参加。

さらに、ジネストさんのケアの様子を、間近で目にしました。

ジネストさんが久万さんの手を握り、見つめて、話しかけると、それに応《こた》えるように、体を動かし始めます。

さらに、歩行を促したところ、廊下でおよそ15メートルを一気に歩き、担当医師もビックリ。

その様子を見ていた看護師たちは、久万さんに一斉に拍手を送りました。

翌日、かね子さんが見舞いに行くと、久万さんは、誰に促されたわけでもないのに両手を上げて見せたそうです。

昨日のリハビリの後、たくさんの看護師さんに囲まれ、拍手されたことが、きっと良い感情を残したのだなと考えたかね子さんは、それからとにかく、大げさなくらい、久万さんをほめるようにしたところ、リハビリへの意欲が目に見えて戻ってきたのだと言います。

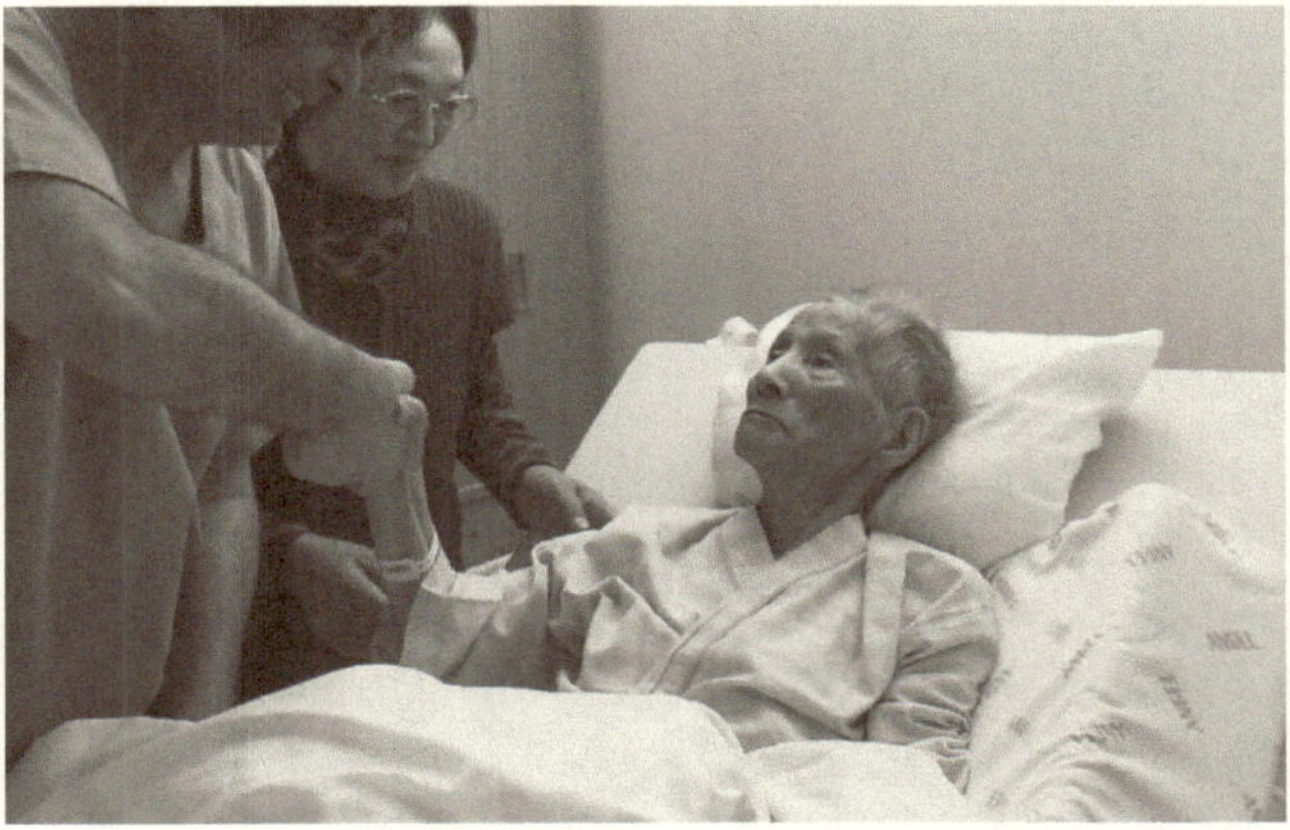

肺炎で入院した久万辰雄さん(94)と妻のかね子さん

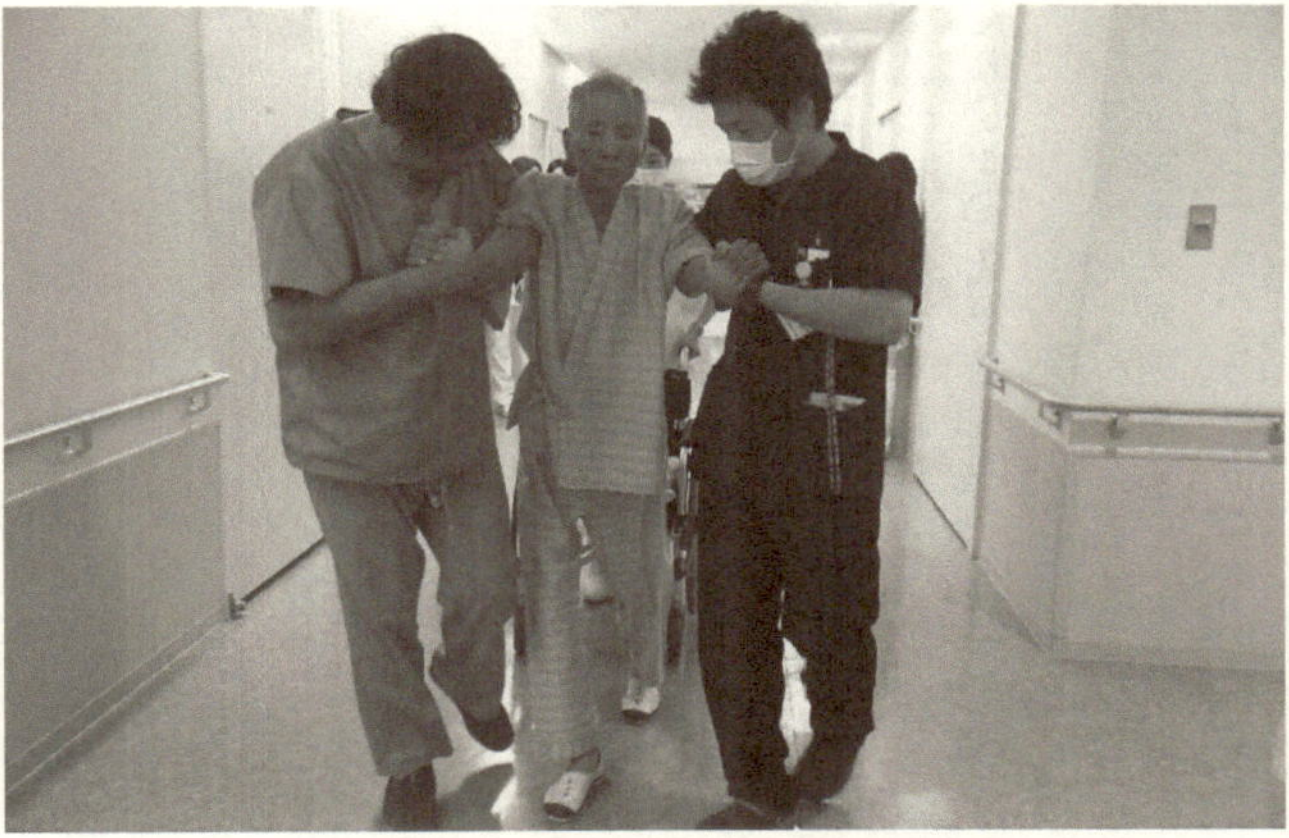

ジネストさんのケアで積極的な姿勢が回復

その後も順調に回復し、2月には無事退院となり、夫婦水入らずの自宅生活に復帰しました。

ジネストさんの講演やケアの実演を見て、かね子さんは多くの学ぶべき点があったと言います。

ただし、「見つめる」「話しかける」「触れる」といった基本的な要素は、これまでも自然にできていたと思っています。

気づきがあったのは、むしろケアをする姿勢、あるいは哲学と呼ばれる部分でした。

食事の時に寝てしまうため、寝る前に食べさせようとつい、スプーンで食べ物を口に運んでいましたが、できることをやらせないのは優しさではなく、本人の能力を奪うことになるというジネストさんの言葉を聞き、手を出さないようにしました。

その代わり、たとえ時間がかかっても急がせたりせず、久万さんのペースに任せることを大事にするようになりました。

夜8時に寝た後、12時になると、必ず紙オムツを交換する習慣も止めました。

現在の優れた素材のオムツなら、少しぐらい漏れていても、それほど不快になることはありません。

それでも、久万さんを起こしてでも、交換するのを日課にしていたのは、自分が安心するためにやっていたのではないかと考え、夜はぐっすり寝るようにしました。

何をしてはいけない、何をするべきという決まりを止めて、相手の気持ちに任せると、自分も楽に介護を続けられるようになったのだと言います。

在宅生活にもどられて、しばらくした3月に自宅を訪ね、久しぶりに久万夫妻にお会いしました。

久万さんはかね子さんに促され、部屋にあるリハビリ用の平行棒を使って歩く訓練をする様子を誇らしげに私に見せてくれました。

そして、子どもの頃からやっていたという柔軟体操。

94歳という年齢では考えられないような、見事な前屈に度肝を抜かれ、思わず「スゴイ！」と声を上げると、「大したことありませんよ」と入院中の取材では一度も見ることのできなかった笑顔を見せてくれました。

放送が終わってしばらくして、妻のかね子さんから一通の手紙が届きました。

放送の3日前に久万さんに急に熱が出て入院となり、放送後、1週間ほどで穏やかに息を引き取られたというご報告でした。

そこには、久万さんがかね子さんの毎日のマッサージに「気持ちがいい！」と言いながらも、「もういいよ」とかね子さんの疲れを気遣ってくれたり、食事やオムツ交換の度に「ありがとう。世話をかけるね」という言葉をもらったりするなど、退院して以来、楽しく暮らすことができたと綴《つづ》られていました。

そして前日まで、久万さんの耳が遠いのと入れ歯を入れていないために、メガホンを作って2人がやりとりしているのを、看護師さんが温かく見守っていたそうです。

「ユマニチュードを身につけることで、認知症の高齢者だけでなく、家族やケアに関わる全ての人たちが、穏やかに過ごせるようになる」

ジネストさんの言葉が、ふと耳をよぎりました。

●解明が進む認知症のメカニズム

認知症の症状が進んだ人でも働きかけ次第でコミュニケーションが改善するのは、なぜなのか？

認知症の人が持っている能力を、科学的に明らかにしていこうという研究が、愛知県大《おお》府《ぶ》市にある国立長寿医療研究センターと認知症介護研究・研修大府センターにより、進んでいます。

研究の中心メンバーの一人、国立長寿医療研究センターの脳機能画像診断開発部の中村昭範医学博士によれば、２００７年から始まった研究で、軽度から中重度までの認知症の高齢者のべ57人（平均83歳）と健康な高齢者のべ63人（平均73歳）の協力を得て、認知症の症状が進むと何が苦手になり、何をやり続けることができるかを明らかにしているのだと言います。

まず、行われたのは、スポーツ選手や芸能人、政治家など、有名人の写真を見せ、それが誰の顔かを判別する検査です。

健常な高齢者に対して認知症の人は、比較的症状が軽い段階でも判別が困難になります。

寅さんを演じた渥美清さんの写真を見せられた、軽度の認知症の女性は、「山下……名前が出てこない」と答えました。心の中で、思わず『多分それは、〝渥美清〟じゃなくって、裸の大将の〝山下清〟です。確かに、どちらも〝キヨシ〟で、全国を歩き回ってたけど。惜しい!?』と突っ込みたくなります。

症状がかなり進んだ男性は、安倍首相の顔写真を見て、「知らない。あまり、この辺じゃ見ないだろ」と答えました（……確かに）。

一方、「笑った顔」「怒った顔」「悲しい顔」「普通の顔」を見せて、「笑った顔はどれか？」を判別する能力は、認知症の症状が進んでいても、比較的残されていることが分かってきました。

誰の顔かを判断するためには、記憶の中にあるデータへの照合が必要で、認知症になると苦手になります。

ところが、刻々と変化する顔の表情を瞬時に判断する能力は、なくなってはいないのです。

誰の顔かは分からなくなっても、顔から情報が読み取れなくなったわけではなく、コミュニケーションに関わる重要な情報である「優しい顔」か、「怒っている顔」か、表情を読み取る力は失われていないのです。

次に行われたのは、音声の判別です。

モニターから流される音声を聞いて、それが何を示しているかをモニターに映された絵から選びます。

「タヌキが・みかんを・洗っている」という3文節の文章が音声で流れたら、それを聞いて、「タヌキが・みかんを・かくしている」「ゴリラが・みかんを・洗っている」などの絵の中から、正解を当ててもらうのです。

「みかん」や「ゴリラ」のような単語ではなく、文章の理解は、認知症の進行と共に分からなくなる度合いが増しています。

わずか3文節であっても、言葉を記憶する機能が低下しているためです。


一方、今度はモニターから、「怒っている」「優しい」など、声のトーンが異なる同じ言葉や文章を聞いてもらい、相手がどのような感情で話しているか、どちらを好ましく思うかという検査を行いました。

すると、声のトーンを聞き分け、「優しい声」を「好き」だと感じ、「怒った声」は

「嫌」だと感じる機能は、認知症の症状が進行しても、比較的残されている可能性が高いことが分かってきました。

研究を進める中村さんは、特にアルツハイマー型認知症の人の脳の働きに注目しています。

認知症の人の脳の働きを分析すると、脳には認知症で機能が低下する場所と、比較的落ちにくい場所があるのが分かってきたと言います。

「認知症になると全ての機能が落ちるんじゃないかというのがよくある誤解の1つなんですけど、認知症になっても非常に保たれる機能と、割と落ちやすい機能というのが混在しているのです」と中村さんは言います。

人の脳は、場所によって、様々な異なる役割を持っています。

アルツハイマー病の症状が進むと、記憶をつかさどる海馬や、知的な活動に関わる前頭前野の一部などは、著しく機能が低下します。

一方、視覚的な情報を処理する後頭葉の一次視覚野や、音を聞く機能が集まる側頭葉の一次聴覚野などは、症状が進んでも機能が保たれているのです。

認知症のメカニズムを理解し、残された能力に合わせ、笑顔を絶やさず、優しく話しかければ、相手も穏やかな気持ちになり、コミュニケーションの改善につながると中村さんは言います。

「笑顔や視線、あるいはジェスチャーなどの非言語性（言葉に頼らない）のコミュニケーション・シグナルを積極的に介護に使うことによって、真に心の通い合う介護というものが実現できるのではないかと考えています」

認知症になった親が介護をしている子どもの名前が分からなくなったとしても、「この人はいつも自分に良い事をしてくれる、優しい人だ」ということは、ちゃんと分かっているのです。

辛《つら》いことも少なくない家族の介護をしている人たちにとって、少し報われる話ではないでしょうか。

●ユマニチュードは魔法ではない

これまで、ユマニチュードが、コミュニケーションを取るのが難しい認知症の人であっても、いかに絆《きずな》を築くかを紹介してきました。

しかし、ユマニチュードが、どんな状況でも、万能の効果を発揮する「魔法の杖《つえ》」ではないというのも事実です。

クローズアップ現代の放送へ向け、ユマニチュードの考案者であるイヴ・ジネストさんの活動に密着取材していた時のことです。

関東地方のベッド数100床を超える、地域の拠点となっている急性期病院で、ジネストさんが、講演とケアの実演を行う様子を撮影するため、事前に病院の様子を取材しました。

この病院のある地域では、第2章で紹介した東京の病院と比べても、住民の高齢化が進んでおり、入院患者の平均年齢は80歳近くに達しています。

慢性的な人手不足で、昼間で看護師一人当たり約8人の患者さんをみています。

さらに、夜間などはもっと過酷で、1人で約15人を担当し、ほとんど休む暇なく働き続けています。

平均年齢が高ければ、当然、認知症の割合も高く、これまでに紹介してきた他の急性期病院と同様、治療やケアに必要なコミュニケーションを取るのに苦労し、点滴チューブの引き抜きや１人で歩いて転倒してしまうことなどへの〝安全対策〟から身体拘束も行われていました。

看護師さんたちに話を聞くと、「もちろん家族からも承諾をもらい、事故など起こさないよう拘束を行っていますが、しないで済むなら、それにこしたことはありません」と、良い治療を提供したいと考えるゆえの悩みを聞かせてくれました。

不必要な抑制を外すためにはどうしたらいいかと話し合い、何か打てる手はないものかと自分たちで取り組み、試行錯誤をする中で、ジネストさんの来院を要請したのです。

こういう人たちにこそ、是非、ユマニチュードの技術を知って欲しいと、取材をしていて強く感じ、きっと、いつも通りにうまくいくだろうと思っていました。

しかし、当日、予期せぬ事態が起きたのです。

この日、ユマニチュードの考案者、イヴ・ジネストさんと東京医療センターの本田美和子先生、そして、ユマニチュードのインストラクターである東京医療センターの盛真知子《もりまちこ》看護師は、昼過ぎに病院に到着しました。

予定通り、講演が行われ、続いて、病棟でのデモンストレーションが始まりました。

ところが、ジネストさんと認知機能が低下し、コミュニケーションの改善が求められた入院患者さんとのやり取りが、いつものようにスムーズにいきません。

理由は、すぐに分かりました。

ジネストさんの語りかけたフランス語を日本語に通訳する時、医療の専門的な説明に時間がかかり、どうしても会話に間が空いてしまいます。

また、ジネストさんがコミュニケーションを取るのが難しい認知症の人のケアをする時には、笑いかけたり、詩を口ずさむように抑揚をつけたり、まるで恋人に愛の告白をしているようなアプローチが行われます。

その語りかけに、いつものような感情がこもった抑揚がなくフラットなのです。

実は、これまでジネストさんの講演やデモンストレーションは、髙野《たかの》勢子《せいこ》さんと藤田《ふじた》美《み》香《か》さんという2人のベテラン女性フランス語通訳に、ほとんど任されてきました。

病棟や施設で行うデモンストレーションの際は、できるだけジネストさんの背後から声を出したり、主語を「ボク」にしたりするなど、認知症の人が混乱しないよう様々な工夫をしています。

彼女たちは通訳をする中で、高齢化が進む日本にユマニチュードが普及することの重要性を感じ、看護師たちの自主トレーニングに積極的に参加し、実技の習得にも取り組むなど、チーム・ユマニチュードの一員といっていい存在です。

ところが、この日は様々な事情から、通訳を地元に住む日本人と結婚したフランス人の女性が行いました。

日常会話の通訳なら、まったく申し分のないレベルだったのだと思います。しかし、多分に困難が伴う認知症の人とのコミュニケーションは、母国語ではない日本語では簡単にいくものではないはずです。

感情がこもった抑揚ある語りかけも、慣れていなければできないのは、むしろ当たり前でしょう。

ましてやユマニチュードの柱は、話しながら触れたり、見つめながら話すなど、１つ１つバラバラのものではなく、２つ以上の要素を同時に行うことが推奨されています。

通訳の女性は「地方の特性として、外国人をめずらしく感じる感覚が強いのではないか。特に認知症患者には高齢者が多く、戦争時代の記憶から外国人に抵抗を感じる気持ちが強かったのかもしれません」と話していました。

もちろん、一緒に参加している本田先生やインストラクターもカバーしましたが、主役のジネストさんの「話す」という柱がいつものようにうまく機能しない中、この日、残念ながら、望まれていたような成果はみられませんでした。

それでも、病院のスタッフの多くが、認知症の人へ真剣な眼差《まなざ》しでアプローチを続けるジネストさんのケアに対する姿勢や、講演で話されたユマニチュードの哲学や技術に感銘を受けたと感想を述べていました。

病棟から不必要な抑制をなくすための模索は、現在も続いています。

ジネストさんによれば、あまりにも長期に寝たきりの状態が続いてしまったケースや、認知症の中でも「前頭側頭型認知症（ピック病）」など、ユマニチュードによるアプローチを行っても、比較的効果が表れづらい場合はあると言います。

しかし、だからと言って、私は、ユマニチュードの価値が、低められたとは感じません。

得体の知れない〝魔法の杖〟より、使用に当たり「適応条件」がある方が、何だか人間らしさや信頼を感じるのは、少しひいき目が過ぎるでしょうか。

●介護業界の反応

２０１４年5月31日と翌6月1日の2日間、東京・千代田区にある東京国際フォーラムで、日本認知症ケア学会大会が開催されました。

認知症のケアに関わる看護師や医師、理学療法士や介護福祉士など、５０００人以上が参加する一大イベントです。

その初日、びっしりと立ち見が出るほどの盛況だったのが、「次世代に向けたケアメソッド」と題し、認知症ケアの優れた取り組みを、現場の第一人者が紹介するシンポジウムでした。

認知症の人を一人の〝人間〟として尊重し、その人の視点や立場に立って理解し、ケアを行おうという考え方で、世界的に広がるイギリスの「パーソン・センタード・ケア」。

過去の懐かしい思い出を語り合ったり、誰かに話したりすることで脳が刺激され、精神状態が安定、継続することで認知機能の改善にもつながると言われ、認知症患者のリハビリテーションに利用されるようになったアメリカ生まれの「回想法」。

それらの優れた取り組みと共に、東京医療センターの本田美和子先生が、「ユマニチュード」を紹介しました。

ユマニチュードは、その効果が注目されていながら、これまで、あまり生の情報に触れる機会がなかったこともあり、本田先生のスピーチにうなずきながら、懸命にメモを取る参加者が少なくありませんでした。

ユマニチュードに限らず、認知症の人とのコミュニケーションの改善には、相手に人間らしく対応することがカギであると、多くの認知症ケアの関係者が感じ取っていることは明らかで、今後、様々な良いケアが広く現場に広がっていくのだと、実感できる大会でした。

番組を放送してユマニチュードを知った一般の視聴者からの反応は、「人間らしい対応をすれば、認知症の人でも穏やかに過ごすことができるというのは、正に目からウロコだった」とか、「もっと早く知っていたら、亡くなった認知症の母親に、もっと何かしてあげられたのではないか」など、非常に好意的なものがほとんどでした。

一方、日常的に認知症ケアに携わる介護現場のスタッフからと思われる意見も少なからずありました。

「分かっていてもなかなかできなかったが、改めて、その重要性を思い出させてくれた」とか、「そうはいっても、このスタッフの人数の少なさでは、一人ひとりに向き合う時間が長くなれば、日常業務が滞ってしまい、実践するのは難しい」とか、「現在の医療や介護に金をかけない状況そのものに限界があり、それが変わらなければ、絵に描いた餅だ」という、現場で仕事をしているからこそ、感じるもっともな意見も、非常に参考になるものでした。

介護現場のスタッフからの反応で、もう1つ、特徴的だったのは、介護の現場でこれまで頑張ってきた方々から、ユマニチュードに対する批判的な意見が、意外に多く寄せられたことでした。

典型的なものは、「これまで、介護の現場では当たり前に行われてきたこと」だとか

「外国から目新しい手法が入ってくる度に、もてはやすのは考えもの」という批判です。

確かに、認知症のことが、まだまだ正しく理解されておらず、社会的な理解も経済的な支援もない中で、認知症の人や家族を支えてきた介護現場の様々な取り組みは、とても価値あるものだと思います。

また、人間らしい対応、人間としての尊厳を大切にする優れたケアで、認知症の人が穏やかに過ごし続ける生活を実現している取り組みは、たくさんあります。

しかし、病院や介護施設のいずれでも、あるいは家族が認知症になった家庭でも、いくら〝人間らしく接しなさい〟と言われても、実際、どうしたらいいか分からず、途方に暮れたり、自分に人間としての優しさが足りないからうまくいかないのだと、自分を責める人たちが少なくないと聞きます。

何とか相手の力になろうと思ったり、優しさを伝えようとしたりしても、それがうまくいかず、ケアを拒否され、暴言や暴力をふるわれ、優しく真面目な人ほど苦しんできたのが現状ではないでしょうか。

それが、仕事でしている場合は経済的に報われない場合も多く、〝燃え尽き症候群〟に陥り、離職へとつながってきた面は、否定できません。

楽観視できない経済状況が続く中、介護業界は今、多くの若者や女性たちの雇用の受け皿となっています。

必ずしも高い志を抱いて、介護業界で働く人たちばかりではないというのもよく聞く話ですが、既に超高齢社会に突入した日本では、そういう人たちをも介護業界を担う貴重な戦力として、育てていく必要があると思います。

その時、長年の経験で培った優れた技術を持つスーパーマンや、天使のような献身的な性格の持ち主でなくともうまく仕事ができるように、優れた技術や知恵を、誰でも再現が可能なように体系化することは、とても意味のあることだと私は思います。

そのようにして身につけた技術や知恵を駆使して、高齢者の笑顔や「ありがとう」という言葉を聞けるちょっとした成功体験が必要ではないかと思うのです。

ユマニチュードを取り入れたことで、それまで本当に手が掛かり、ストレスそのものだった認知症の入院患者が、笑顔を浮かべて、冗談を言い合う愛すべき患者に変わり、用もないのについ足を運んでしまうようになったということが、実際に起きています。

素晴らしい技術だが、それを現場に取り入れるには人がいない、という声もよく聞かれます。

確かに、一人10分のケアでも、それが日常業務と競合するなら導入が難しいほど大変な職場は少なくありません。

しかも、何か特別なケアを行ったからといって、その分、賃金を別に請求できるわけではありません。

その点、ユマニチュードは、そこにケアの相手がいればあらゆる関わりが全てケアになる点が、とてもユニークです。

わざわざユマニチュードのための時間を作るのではなく、日常的な作業を行う時に、目を見て、笑顔で話しかけ、触れる、その行為自体が、日常的に繰り返されるケアとなるのです。

NHKスペシャルのスタジオゲストの一人、認知症介護のエキスパートである介護福祉士の和田行男《わだゆきお》さんは、「ユマニチュードに限らず、本人にとってよい事はどんどん普及していったらいいと思う」と、本田美和子先生にエールを送りました。

認知症ケアの現場に、相手を人間として尊重するケアが当たり前のこととして広がることは、認知症になった本人や家族にとってはもちろんのこと、ケアするスタッフにとっても、望ましいことです。

それぞれの専門性や役割を生かしながら、共に発展する道が開けるよう願っています。

●取り組みが始まったユマニチュードの実証研究

この章の最後に、ユマニチュードの新たな動きを紹介しましょう。

今、ユマニチュードの効果を、科学的に実証しようという取り組みが動きだしています。舞台となっているのは、福島県郡山市にある郡山市医療介護病院。公設民営で外来と共に、長期療養が必要な高齢者に、医療と介護を提供しています。１２０床の療養病床の平均年齢は83歳、平均要介護度は４・１で、入居者の約８割が認知症です。

ここでも、認知症の入居者とのコミュニケーションに苦労しており、ユマニチュードのことを知って、感銘を受けた看護部長の宗形初枝さんが、東京医療センターの本田美和子先生に連絡。

自分たちも是非、ユマニチュードを身につけたいと協力を要請しました。

数日後、本田先生から、意外な返事が返ってきました。

是非、協力したい。ついては、ある研究に協力してくれないかと依頼されたのです。


その研究の題名が、「知覚・感情・言語による包括的ケアコミュニケーションに基づいたケア実施に関するストレス評価パイロット研究」。

何とも小難しい題名ですが、簡単に言えば、高齢者をケアする人と、ケアを受ける高齢者の、それぞれの脳の血流を測定し、ユマニチュードによるケアの前後で感じるストレスに、どのくらい変化があるかを調べようというものです。


研究のパートナーは、郡山市にキャンパスがある日本大学の酒谷薫教授。

工学博士でありながら、脳神経外科学系の医学博士でもある酒谷教授は、右脳と左脳のストレスに対する反応性の違いを生かし、額の2か所に近赤外光を当てて、実際のストレスの度合いを測る小型診断システムを開発しました。

研究は、既に6月から始まっていて、病院の2つの病棟の内、1つの病棟の看護師、介護福祉士など全てのケアスタッフに、ユマニチュードの研修を受けてもらいました。

そして、ケアにユマニチュードを導入する前後で、入居している認知症の高齢者と、ケアを行う看護師らが、それぞれ感じるストレスに、どのような変化があるかを調べます。

また、ユマニチュードの技術が向上するにつれて、ユマニチュードを行っていない病棟の入居者と看護師らが感じるストレスに、どれだけ違いが生まれるか等を計測するのです。

研究は始まったばかりで、きちんと評価できる結果が出るのはまだまだ先のこと。

しかし、ストレスは、認知症の行動・心理症状が起きる原因の1つであり、人間らしいケアにより、行動・心理症状が治まったり、ストレスが軽減することが科学的に明らかになれば、ユマニチュードを始めとする人間らしいケアを普及する上で、大きな力になると考えられています。

また、認知症の行動・心理症状が起こるメカニズムやそれを治める技術が、人体でどのような変化を起こしているのか、さらなる解明が進む可能性を秘めているのです。

そして、本田先生のこの研究によって、病院側はある「お土産」を手に入れることになりました。

研究の過程で、まずは1病棟のケアスタッフおよそ20名の看護師と介護福祉士全員が、ユマニチュードを学ぶことになりました。

さらに、6か月の研究期間の後には、比較研究の対象だったもう1棟の病棟の看護師や介護福祉士についても、全員にユマニチュードの研修の受講が予定されているのです。

つまり、日本の療養型病院で初めての〝ユマニチュード標準装備〟の病棟が誕生することになるのです。

既に病棟には変化が現れています。

2013年12月に、この病院に入居した98歳の女性は、看護師がケアをしようとする度に、手指や腕に、爪を立ててきます。

研究をきっかけに改めて家族から事情を聞いてみると、病院に入居する前に、利用していたグループホームで、虐待を受けていた疑いがあると分かりました。

ユマニチュードを生かしたアプローチを行いましたが、それでも、なかなかうまくいきません。

いわれのない暴力を受け、固く心を閉ざし、人間不信のような状態になった女性には、たとえユマニチュードによるアプローチでも、簡単に心を開いてはくれないのです。

ところが、最近、ほんの少しずつ、この女性に変化が起きています。

まだ、ケアの度に、腕をつかむのは変わりませんが、以前のように爪を立てるようなことは、ほとんどしなくなってきたのです。

そして、先日、本当に小さな声で、初めて「ありがとね」という言葉を、ケアをする看護師に返してくれたと言います。

変化がなくてもスタッフたちは、あきらめず、ユマニチュードによる働きかけを続けていたのです。

この小さな変化で、コミュニケーションができるようになるまでもっと積極的に働きかけようと、現場スタッフのやる気は、俄然《がぜん》高まっているそうです。

さらに、本田美和子先生が勤めている東京医療センターでは、全国の病院・介護施設のスタッフを主な対象として、ユマニチュードの研修を行う準備が進んでいます。

早ければ、2015年の初めには、第1回目の研修が、始まる予定です。

そして、厚生労働省の在宅介護における認知症の非薬物療法の研究に、ユマニチュードが採用され、その準備も進んでいます。

多くの病院や介護施設で、そして、家庭で、ユマニチュードを生かした人間らしいケアが、日常的に行われる日がやってくるのは、そう遠くない未来のことかもしれません。

第5章　岐路に立つ日本の高齢化・認知症対策

これまで、日本で新たに広がりを見せる認知症ケアの技法であるユマニチュードとはいかなるものなのか、そして、それが、どのような可能性を持っているかを伝えてきたわけですが、そもそもなぜ、日本に優れた認知症ケアが必要なのか、高齢化の実情や、認知症を取り巻く社会背景はどのようなものであるかを知っていれば、その意味の大きさがより理解してもらえると考えています。

本来は、長生きのお年寄りが多いことは、おめでたい、誇るべきことであるはずなのに、多くの場合、超高齢社会における高齢者は、医療費や介護費という重荷を、数少ない現役世代に背負わせる厄介な存在として、あるいは、認知症という、言葉も分からず、コミュニケーションも取れない、暴力的で、社会や家庭の安定を乱す存在であるかのように、おとしめられて描かれています。

日本が超高齢社会となり、今後、ますます高齢者の割合が増えていくという未来像が、いつも、高齢者の数が多いこと自体が問題であるかのような暗いイメージで語られることには、強い違和感を感じていました。

実際、各地に目を向けると、従来の暗いイメージを覆す「明るい超高齢社会」の芽生えを感じさせるような様々な取り組みが、全国で広がっています。

豊かな超高齢社会に共通しているのは、〝高齢者のための社会〟ではなく、高齢者の尊厳を大切にしながら、持てる力を十分活用することで、多様な世代の人々が等しく恩恵を受ける地域の仕組みを生み出している点です。

言うなれば、〝社会のユマニチュード〟。

第5章では、これまでクローズアップ現代で取材してきた岐路に立つ日本の高齢化・認知症対策の現状とその行方について、お伝えしましょう。

●2025年問題

日本では現在、世界がこれまで経験したことのない超高齢社会を迎えており、認知症の人を含めて、さらに急速な高齢者の増加が見込まれています。

今後の高齢化の推移を見る上で、1つの節目となるのが、戦後の復興期である1947～1949年に生まれ、消費文化や都市化など、戦後を象徴する世代である団塊の世代が、介護の必要性が高まる75歳以上になる2025年です。

団塊の世代はまず、2012年から2014年に65歳以上の前期高齢者になります。

その後、2025年に団塊の世代が75歳以上になると、2010年に11・1%だった75歳以上の人口割合は、2025年に18・1%まで増加し、75歳以上人口は2200万人余りで高止まりを続けるのです。

後期高齢者となれば、病気にかかる比率が増加します。

厚生労働省がまとめたデータによれば、一人当たりの生涯医療費2400万円の内、70歳以上で全体の49%を使い、そのピークは75歳から79歳であることが分かります。

介護でも同様です。

要介護状態だと認定される割合は、75歳から急上昇して、85～89歳では50%に達しています。

厚生労働省の試算では、2014年度に10兆円に達した介護給付の総額が、2025年には倍以上となる21兆円に膨らむ見込みです。

そのため、現在、全国平均で約5000円の介護保険料が、8200円まで上昇すると見られています。

これまで国を支えてきた団塊の世代が給付を受ける側に回ることで、医療、介護、福祉サービスへの需要が高まり、社会保障財政のバランスが維持できなくなるのではないかと、懸念されているのです。

中でも、極めて深刻な状況に見舞われると考えられているのが、都市部です。一足先に高齢化が進んでいる地方では、75歳以上の高齢者の増加は比較的緩やかなのに対して、都市部では一気に進んでいきます。

東京・埼玉・千葉・神奈川、大阪、名古屋の3大都市圏では、爆発的な高齢化が進み2010年から2025年までの10年余りで、後期高齢者の数がほぼ倍増。増加人数が最も多い東京では、一気に74万人増加します。

今でさえ不足している介護施設がますます足りなくなり、必要な医療・介護サービスを受けられなくなる危機的な状況が起こりかねないのです。

国は2025年を目途に、重度な要介護状態になっても住み慣れた地域で自分らしい暮らしを人生の最後まで続けることができるよう、医療・介護・予防・住まい・生活支援を一体的に提供する「地域包括ケアシステム」の実現を目指しています。

認知症施策はその中の重要な柱の1つ。

認知症になっても本人の意志が尊重され、できる限り住み慣れた地域の良い環境で暮らし続けることができる社会を実現するため、認知症が疑われる人や認知症の人とその家族に対し、早期から支援を行う支援チームや、地域の実情に応じて医療機関や介護サービス事業所、地域の支援機関をつなぐ「認知症地域支援推進員」の設置などを柱とする「認知症施策推進5か年計画」、いわゆるオレンジプランが2013年からスタートしています。

これまでの施設重視の介護政策から、住み慣れた地域に暮らし続けるという理念への転換は基本的に正しいし、素晴らしいものだと思います。

しかし、介護保険制度が施行される時に導入の理念として掲げられていた、家族介護者、特に女性の介護負担を軽減し、社会全体で担っていくという「介護の社会化」は、残念ながら実現しているとは言えない状況です。

「介護の社会化」のより具体的で発展的な政策として「介護の地域化」へと進んでいくことが必要であり、社会保障に必要な予算を削るための方便であってはなりません。ましてや必要な手立てを再び、家庭に押しつけるものであってはならないはずです。

２０２５年までに残された時間は多くはありません。

本当にまったなしの課題なのです。

●認知症の人と社会の共存を否定する判決

ところが、認知症になってもできる限り、住み慣れた地域で暮らし続けたいという願いに、背を向けるような出来事が起きています。

２００７年12月、愛知県大府市で、91歳の認知症の男性がＪＲの列車にはねられ死亡しました。

男性は、介護する家族が目を離したわずかの間に家から離れ、駅のホームから線路に立ち入り事故にあったとみられています。

その事故で、夕方のラッシュ時の電車、20本が遅れ、２万人の乗客に影響が出たため、ＪＲ東海は、私鉄に支払った振り替え輸送費や人件費などおよそ７２０万円を、男性の遺族に請求、その支払いをめぐり、裁判が行われています。

２０１３年８月に名古屋地方裁判所で出された第１審の判決は、「家族は男性が徘徊《はいかい》しないよう適切な措置を取らず、目を離すなど注意を怠った」として、男性の妻と長男に、全額を支払うよう言い渡し、認知症の人を介護する家族や介護施設の関係者に大きな衝撃を与えました。

また、この判決を不服として行われた名古屋高等裁判所の第2審は、2014年4月に判決が出され、JR側の駅にも、十分に監視していれば事故を防止できる可能性があったと指摘し、1審で認定された男性の長男の責任は認められませんでした。

しかし、男性の妻に対しては、配偶者として夫を見守り介護する監督義務があったのに、外出を把握できる出入り口のセンサーの電源を切っていたことから、徘徊の可能性がある男性への監督が十分ではなかったとして、再び、責任を認め、およそ360万円の支払いを命じたのです。

死亡した男性は「要介護4」、介護に当たっていた当時85歳の妻も「要介護1」と認定されており、長男の妻が横浜市から転居し、在宅介護を支えていたそうです。

遺族側の弁護士は、判決後の記者会見で「遺族は、十分に介護に努めていたと考えているので、判決には納得できない。今の社会では、認知症の患者の保護について家族だけに責任を負わせるのではなく、地域で見守る体制を築くことが必要だと思われるが、判決はその流れに逆行するものだ」として、判決への不満を表明。

ＪＲ東海もこの判決を不服としており、最高裁判所へ上告したと報道されています。

認知症の人が増え続けている今、認知症の人が事故に巻き込まれるケースは、決してめずらしいことではありません。

ＮＨＫの調査によれば、「認知症」という言葉が使われるようになった２００５年度以降の８年余りで、認知症の人が徘徊するなどして起きた事故は、少なくとも76件に上り、そのうち64人が死亡。

死亡した人の遺族のうち、少なくとも９人が、事故の後、鉄道会社から振り替え輸送費などの名目で損害賠償を請求されていたことも分かっています。

事故による損害の賠償責任を家族など介護に関わっている人に背負わせるなら、認知症の人の介護に関わる家族や施設は、徘徊のリスクを抑えるため、部屋にカギを掛けたり、玄関のドアをダイヤルロック方式にするなど、行動の自由に制限をかけるようになりかねません。

自分が自由に出入りできない環境は、認知症の人に不安やいらだちを感じさせ、ますます行動・心理症状が悪化する要因にもなるでしょう。

また、家族にとって、ただでさえ苦労の多い認知症の人の介護に、常に莫大《ばくだい》な金銭的負担を強いられるかも知れないという精神的プレッシャーが上乗せされることは、大きなストレスとなります。

その結果、「やっぱり、認知症の人とは一緒に暮らせない」という思いを強めたり、病院や施設でも「徘徊する認知症の人」はお断りなどといった正に時代に逆行する流れを加速させかねないのです。

まだまだ、介護の負担を個人ではなく、社会が支えるという〝介護の社会化〟の理念は実現しておらず、むしろ、家族の支えを前提に、家族に重い負担を強いることで成り立っているというのが現状です。

地域住民の認知症への正しい理解を広げ、鉄道など公共交通の事業者や警察、学校などがつながりを深めることによって、認知症の人が一人で歩き回っていても、人々が気軽に声掛けすることによって、大事に至らないようにする〝安心して徘徊できる地域づくり〟

を目指すことが必要なのではないでしょうか。

●介護で移住を余儀なくされる社会

都市部では、介護が必要になって自宅に住み続けることができなくなった時に、安い値段で安心してサービスを受けられる〝終《つい》の住みか〟が不足しています。

国の手厚い支援を受け、比較的安い値段で利用できる特別養護老人ホーム（特養）や民間の有料老人ホーム、そして最近ではサービス付き高齢者向け住宅（サ高住）の建設が進んできましたが、安く利用できる施設は多くありません。

例えば、特養の待機者は全国で52万人に上ると言われており、とりわけ、３大都市圏では施設の整備率が全国平均を下回っています。

こうした中、行き場のない高齢者が、住み慣れた都市を離れ、地方の施設への移住を余儀なくされる、介護のために地方に移り住む〝介護移住〟が増えています。

水田が続くのどかな風景が広がる茨城県取手《とりで》市。

岡田よし子さん（仮名）は、自宅のある神奈川県川崎市から２時間半かけて、通っています。

この地域で介護を受ける両親と面会するため、約1か月ごとに訪ねているのです。

父親の81歳になる柴田信三さんが暮らす住宅型有料老人ホームには、13平方メートルの個室と共同の食堂兼リビング、風呂《ふろ》、そして、デイサービスが併設されていて、1日の全ての時間をこのホーム内で過ごします。

この老人ホームに県外から入居したのは、柴田さんだけではありません。17人の入居者の内、3人が県外からの入居で、隣接する敷地に建設された新棟にも、東京等、県外の入居希望者による視察が増えているのです。

一方、岡田さんの母親は、この老人ホームから、車で1時間ほど離れたところにある父親とは別の介護施設に入っています。

岡田さんの両親は、北海道でスポーツ用品店を経営していましたが、脳梗塞《こうそく》で右足が麻《ま》痺《ひ》し、車いす生活を送るようになった父親の面倒を見ていた母親が、2年前、認知症になったのをきっかけに、長女である岡田さんが住む神奈川県川崎市にある家で生活することになりました。

ところが、しばらくすると母親に続き、父親も、夜中に徘徊するなど認知症を発症。

岡田さんは、介護疲れから体調を崩してしまいました。

「在宅介護をするためには、ものすごくたくさんの手助けが必要なんです。面倒をみてあげたい。でも、自分たちでできない以上は仕方ないですよね」と話す岡田さん、このままでは共倒れになると考え、施設に預けることにしたのです。

岡田さんは当初、自宅近くで、比較的安く入居できる特別養護老人ホームを探しました。しかし、待機者が３００人以上いて、すぐに入居することはできませんでした。

次に探したのは、民間の有料老人ホームとサービス付き高齢者向け住宅。

しかし、数百万円の入居一時金が必要だったり、月々の利用料が二人で30万円以上かかるため、断念。

結局、行きついた先は、一時金がいらず、月々の費用も二人で20万円以下で済む、茨城県内の介護施設に、しかも、夫婦バラバラでの入居だったのです。

「(高齢者向け住宅は) 都市部だと高いんです。経済的な負担を、父や母の年金の範囲内でやるということは、当然無理になってくるんですね」と、岡田さんはため息混じりに答えてくれました。

都会での高齢者施設が不足している中、行政機関も手をこまねいているわけではありません。

東京都杉並区では、2013年6月現在、12か所の特別養護老人ホームに1200人ほどが入居していますが、入居を希望する待機者は2000人を超えています。

2013年に70床、2014年に新たに160床を新設しました。

区の高齢者担当部長の田中哲さんは、「土地が不足しています。それから仮に土地が出てきても、非常に地価が高いということで、これが一番苦労するところです」と、都心での建設には限界があると訴えます。

そこで、杉並区が考えたのは、静岡県南伊豆町にあった区の療養学校の跡地に、特養を建設しようという計画。

「杉並区の区域の外に特別養護老人ホームを造る取り組みというのは、前例がありません。

地元の方と杉並区民の両方合わせて、60人から80人ぐらいの規模の施設ができればいいと思っています」（田中高齢者担当部長）

行政機関がよその自治体に高齢者施設を造るのは、全国でも初めての試みです。杉並区は建設を進める上で、地元静岡県や南伊豆町と話し合いを重ねています。懸案になっているのは、移住してきた入居者の医療や介護の費用をどちらが負担するか。現在の制度では、杉並区の高齢者が南伊豆町に入居した場合、医療費や介護費用などは杉並区が負担します。

ところが、その高齢者が、新たに生活保護を申請したり、75歳になって後期高齢者医療制度に移行すると、その費用は、静岡県や南伊豆町が負担することになるのです。

南伊豆町健康福祉課の黒田三千弥課長は、「制度上、地元負担につながるという問題があります。この辺は、自分たちだけでは難しい問題もあるので、色々な機会を通じ、国にも声を届けさせてもらって、そこで色々な良い方向に結びつくような提案ができれば、受け止めてくれるのではないか」と言います。

新たに建設を予定している特養は、海岸沿いの浸水想定区域にあることから、自力で移動することが難しい要介護度の高い高齢者を入居させるのに適しているのかといった議論が行われ、現在は、町の中心部に建設が予定されている健康福祉センターに併設する形で、100床規模の特養を新たに建設する計画が進んでいます。

厚生労働省は2013年5月から、都市部の高齢化対策を話し合う会議を開き、介護移住の課題についても検討。9月に出された報告書で、入居者の意思に反して移住させないこと等を確認した上で、受け入れる自治体のネックとなっていた費用の負担について、制度の改革を進めることを答申し、遠隔地特養の実現に向け、一歩踏み出した形です。

厚生労働省老健局の高橋俊之総務課長は、「少し離れた場所であっても、自治体間、あるいは住民間で、かねてから交流があるなじみの地域であり、地域の住民の希望もあるということで、遠隔地であっても整備を進めていくと。こういう事例もあって良いのではないかなと考えております」と答えています。

さらに、都市で行く場所のない介護が必要な高齢者を積極的に受け入れ、衰退する地域の雇用創出や経済の活性化につなげようという取り組みも始まっています。

山形県最上郡舟形町では、「特養を地方に整備すれば、コスト面でも都会の10分の１ですむ。都会と地方の問題を一気に解決できるウィンウィンの政策」（奥山知雄町長）だとして、若者世代の減少で廃校になった小学校の跡地を、介護施設の用地として無償で提供するなど、町をあげて介護移住を進めています。

２０１２年には、舟形町の町長と担当者が東京都内の区役所を回り、介護の必要な高齢者の受け入れを積極的にアピール。実際に６人の要介護者を、町にある介護老人保健施設（老健）で受け入れる実証実験を行いました。

その際、距離の遠さから家族との関係が疎遠になることや、身近な家族がそばにいないため、症状が急変した場合、延命治療の判断を施設の担当者が行わなければならなくなること、そして、方言が分からず友人もいない環境に、高齢者が突然、放り込まれることで、認知症の症状が悪化したり、うつ症状が出てしまう「リロケーション・ダメージ」と呼ばれる問題が生じるなど、遠隔介護のもたらす深刻な課題も浮かび上がりました。

町に対し、ある自治体から、「身寄りのない高齢者の受け入れをしてもらえるなら、町に高齢者を紹介することができる」旨の申し入れがあり、町の担当者が町内の寺を当たり、無縁仏の供養をしてくれるよう了解を得たそうです。

特養の待機者52万人という数字も、みんなが積極的に特養に入りたいと考えているわけではないと思います。

介護が必要になっても住み慣れた地域に暮らし続けられるかということへの不安や、経済的負担の少ない住まいの選択肢の少なさ、あるいは、家族の状況を鑑《かんが》みて、「周りに迷惑をかけたくない」と考え、当面、必要がなかったり、本当は行きたくなくても、特養への入居希望だけは出しておくという現象が、この52万人という数値につながっているように思えます。

介護移住が、行き場のない高齢者や認知症の人の「姥《うば》捨て山」には決してならないよう、くれぐれも慎重な対応が必要です。

●精神科病院の新たな収入源となる認知症

家族の介護や自分自身の老後を意識して、社会が認知症をどう受け入れていくのか、どのような支援体制が必要なのかを考える時、外すことができないのが精神科病院の問題です。

精神科病院に入院している認知症の人は、１９９６年の２・８万人から２００８年の５・２万人に大きく増加しています。

その内の約６割は「居住先・支援が整えば、退院の可能性がある」という厚生労働省の調査結果もあり、本人が退院したくても出ることができない「社会的入院」の増加が強く懸念されています。

そもそも日本の精神科病院のベッド数は、世界的にみても突出して多い状態が続いています。日本には、現在約35万床の精神科病床がありますが、これは世界の精神科病床数の２割近くを占める数字です。

35万床の精神科病床のうち９割が民間の精神科病院の病床だというのも日本の特徴です。

１９６０年代には世界各地で、精神障害者を施設ではなく、地域で受け入れていこうという政策転換が進みましたが、民間病院が多い日本では、ベッド数の減少が経営難に直結するため、世界の潮流から逸脱する現状が、今なお続いています。

特に最近は、家族や地域の受け入れ体制が十分でないという理由で本人が退院したくても退院することができない「社会的入院」への国内外からの批判が高まっています。

近年、減少している統合失調症の入院患者数を穴埋めするかのように、認知症の人の入院が増えているのです。


千葉県旭市で認知症の人の自宅への訪問診療に取り組み、在宅生活を支援している上野秀樹医師は、認知症の人が精神科病棟へ入院する必要は、非常に限られていると言います。

上野医師によれば、精神症状のある高齢者700人以上を外来で診療してきて、精神科へ入院が必要だったケースは30人ほどしかいなかったそうです。そのほとんどがアルコール精神病や妄想性障害などの精神障害に、認知機能障害を合併した人であったり、ひどいうつ病の人で、純粋な認知症の人では、若年性アルツハイマー型認知症の人、前頭側頭型認知症、レビー小体型認知症の人が若干名いた程度。

こうした精神科への入院が必要だった認知症の人も、介護能力の高い介護施設へのショートステイと、適切な精神科往診を組み合わせれば、精神科病棟へ入院しなくとも問題なく治療が可能だと言います。

２０１２年６月には厚生労働省が「今後の認知症施策の方向性について」という報告書を発表しました。

そこでは、「認知症の人は、精神科病院や施設を利用せざるを得ない」という考え方を改め、これまでの「自宅→グループホーム→施設あるいは一般病院・精神科病院」という不適切な「ケアの流れ」を変えることを目標にしています。

そのためには、早期診断・早期対処の体制整備や地域での生活を支える医療・介護のサービス構築、そして、日常生活・家族の支援の強化などの施策を進めていくことがうたわれています。

この報告書が絵に描いた餅にならず、きちんと実現へ向けた取り組みが進むことを願います。

●団塊パワーを活用せよ

日本の経済成長を第一線で支えてきた約６８０万人の団塊の世代が、２０１２年から65歳を超え始め、高齢者の仲間入りを果たしています。

会社勤めを終え、地域で過ごす時間が圧倒的に増えるようになる一方、仕事中心に生きてきた団塊の世代の多くは、もともと地域とのつながりが希薄なことが多く、「会う人がいない」「行く場所もない」と、家に引きこもりがちになる場合が少なくありません。

東京都健康長寿医療センター研究所が65歳以上の高齢者を対象に2年間、追跡調査した結果では、外出頻度が1日1回以上の人に比べ、2、3日に1回程度の人の認知症の発生リスクは1・58倍。

1週間に1回程度の人は、3・49倍に跳ね上がります。

団塊の世代は「高齢者」と言っても、体力も気力もまだまだ十分。

20年前と比べると、10歳以上若返っているという研究データもあるほどで、団塊世代が一気に老け込み、医療費や介護費など、社会的な負担を増加させる立場になるのか、健康を保ちながら、地域コミュニティーの中核として、社会を支える立場であり続けるかは、大きな違いです。

認知症予防にも直結する、高齢でも元気に過ごし続けるための模索が、様々な地域で始まっています。

団塊シニアに仲間や生きがいを見つけてもらうため、子どもの「公園デビュー」ならぬ、団塊世代の「地域デビュー」を応援する「地域デビュー講座」が、全国で開かれています。「仕事を辞めたら好きなことやればいいと思っていたが、なかなかやることが見つからない」「定年になって、ぽっと地域に入っても、ぎくしゃくしてつながりがない」などの悩みを抱える団塊世代を中心に、人気を集めています。

各地の地域デビュー講座で講師を務めているシニアライフアドバイザーの松本すみ子さんは、地域での人間関係をうまく作れない人には、いくつかの共通点があると言います。

例えば、

・過去の経歴をひけらかし、自慢話ばかりするタイプ
・女性がリーダーだと、不機嫌になるタイプ
・気の合う人を囲い込み、派閥を作りたがるタイプ
・雑用は他人に押しつけるタイプ……など

こうしたタイプの多くは、モーレツサラリーマン時代の価値観とプライドが邪魔になり、新しい人間関係をうまく築けないのです。

「会社で偉かった、業績を挙げたという人ほど、妙に自分に自信があって、当時の自分のプライドを捨てられません。そういう自信というのは、実は地域社会では、あまり役に立たないどころか、むしろ、人間関係を作る上で邪魔になったりするんです」と松本さんは指摘します。

豊かな知識や経験を持ちながら、それを生かし切れない団塊シニアを巧みに取り込み、地域の担い手として活躍してもらおうとしているのが、東京のベッドタウンとして発展した千葉県柏市です。

市の中心から1キロメートルほど離れた場所にある築50年の団地では、住民約6000人のうち、65歳以上が40%を超えており、急速に高齢化が進んでいます。

この団地を中心に、柏市と東京大学、UR都市機構の3者が、「長寿社会のまちづくり」を研究しているのです。

柏市で2011年から始まったのが、「生きがい就労」という取り組みです。

「生きがい就労」では、まず、地域活動に参加したいという団塊シニアに集まってもらい、いま地域では、農業の後継者不足や、子育て支援・高齢者介護の人手不足などが切実であることを説明。

　こうした地域の重要な課題解決に、団塊シニアの力を貸してほしいと頼むのです。それも、ボランティアではなく、働いてもらう対価として、賃金を支払います。

「敬意をもってお願いする」ことで相手のプライドをくすぐり、「賃金を支払う」ことで、この世代に特有の仕事に対する責任感を呼び起こすのが、気持ちよく働いてもらうコツだと言います。

「生きがい就労」に参加している団塊シニアの一人が、69歳の大川原一隆さんです。

大川原さんは、生きがい就労を知るまでの3年間、家にこもりがちだったと言います。

現役時代は大手建設会社で、設計を担当していました。

しかし、仕事に没頭するあまり、平日は深夜に帰宅。

休みの日は、自宅で疲れをとるのに精一杯で、地域との繋がりはほとんどありませんでした。

　定年後、地元には知り合いもおらず、大川原さんは世界が狭まっていくような不安を感じていたと言います。

「妻と話をするだけ。そうすると、声はいつの間にか小さくなるし、体力は落ちるし、知力も落ちる。かと言って、何かやりたいと思うことが、他に思い浮かぶわけじゃなし」

そんな悶々《もんもん》としていたある日のこと、妻から「生きがい就労」を勧められたのです。調べてみると、子育て支援や介護など、地域が切実に人を求めていることが分かりました。

自分に何かできるのか、試しに面接を受けたところ、担当者から、「あなたの知識や経験を、是非、貸して欲しい」言われ、心を動かされたと言います。

久しぶりに人から必要とされた喜びに、「生きがい就労」への参加を決めました。

大川原さんが始めたのは、小学生相手の塾の講師。

現役時代、得意としていた設計の知識を生かし、コンピューターのプログラミングやロボットカーの組み立てなど、科学の知識を深める授業を担当しています。

塾への参加は週一度、時給は１３００円です。

ひと月の収入は８０００円程ですが、お金を受け取る責任から、生活に張りが出てきたと言います。

「子どもたちが待ってる。だから、それに対しては、やっぱり現役時代と同じように責任果たさなくちゃと思います。やっぱり、楽しんでもらいたいし、楽しみつつ、その中で色々な知識を身につけてもらいたいですね」と、大川原さんは笑顔で話しました。

働くことでそれまでとは、生活が一変したというシニアもいます。

幼稚園の早朝出迎えの手伝いをする66歳の小谷いく代さんは、東京の大手鉄鋼メーカーの子会社で30年以上働いてきた〝柏都民〟の１人です。

３年前、介護を続けてきた母親が90歳で亡くなると、人生の目的がなくなり、家に引きこもりがちな生活が続いていました。

それが週一度、家の近くにある幼稚園児の出迎えをすることで、それまで白黒テレビの映像のようだった日常の光景が、カラーテレビになったと感じるほど大きく変わり、生きる張り合いを取りもどしたと言います。

幼稚園では早朝の１時間だけ、バイトしてくれる人を募集しても集まりません。

小谷さんが働いてくれるおかげで、職員は保育業務に専念できるため、子どものいる家族、幼稚園の職員や経営者、そして働く高齢者にとってもウィンウィンの取り組みになっています。

「生きがい就労」の仕組みを考えた東京大学高齢社会総合研究機構の秋山弘子特任教授は、シニアのやりがいと地域のニーズをつなぐ仕組み作りが大事だと指摘、「多くの高齢者は、自分はむしろ支えられるより、支える側になりたいと思いながらも、その活躍の場がないというか、そういう社会の仕組みがないんです。全ての人が社会の支え手になっていく。それがやっぱり、持続可能な長寿社会の1つの大きな要件だと思うんです」と言います。

「生きがい就労」に参加する高齢者は、参加していない同世代の人たちに比べ、外出や活動量が増加しており、今後の「健康寿命」が増加する可能性は高いと秋山特任教授はみています。

●介護からの卒業式

年老いてもできる限り人の手を借りずに元気に過ごしたいというのは、誰しもが抱く願いです。

しかし、ひとたび身体の衰えが始まると、介護保険サービスの利用が始まり、衰えが進むと共に要介護度も上がり、様々なサービスに頼らざるを得なくなるという現実があります。

介護保険制度では、介護を必要とする度合いに応じて、最も重い要介護5から比較的軽度の要支援1まで7段階に分かれていますが、今注目されているのは「要支援」など比較的軽度の認定を受けた人に対して行われる「介護予防」の取り組みです。

これを地域ぐるみで積極的に行い、悪化を防ぐだけでなく、生活に必要な身体の機能を回復させた結果、介護認定が下がったり、認定の対象にならないほど自立した生活ができるようになったりする人まで現れています。

介護予防は、介護保険制度の見直しの大きなテーマの1つになっており、介護保険のサービスから、市町村の事業に移管する方針が打ち出されています。

今後ますます逼迫《ひっぱく》すると見られる介護保険の財源を有効に使って、いかに制度を維持させていくのか、そのためにも自立して元気に暮らしていける期間を延ばしていくことは、超高齢社会になった日本にとっての大きな課題です。

「卒業証書。あなたはデイサービスに通い、大変お元気になられました。よって、ここに卒業したことを証します。おめでとうございまーす！」

東京のベッドタウン、およそ8万人が住む埼玉県和光市内にあるデイサービスで、毎月恒例のイベントが行われました。

81歳の髙木絢子さんは去年3月、自宅で転倒し、左足を骨折。歩行が困難になったため、「要支援2」の認定を受けてデイサービスやヘルパーを利用してきました。

それが、市の支援プログラムを利用し、念願だった買い物に再び一人で行けるまでに回復。

今年4月には介護保険の要介護認定から卒業することになったのです。

髙木さんは、一緒にデイサービスに通っていた仲間に祝福され、「おかげさまでこの通りに、どうにかやれるようになりました。本当にうれしいです」と笑みを浮かべていました。

この埼玉県の和光市では、行政が積極的に介護保険制度へ関わり、高齢者の健康状態を改善させ、財政的にも成果を上げていることで注目されています。

東京の近郊で働き盛り世代が多く、高齢化率は14・５％（２０１１年）と比較的低いものの、団塊世代が75歳になる２０２５年には、高齢化率は18・３％、介護保険認定者も現在の１１３７人からほぼ倍増する見通しで、高齢化が一気に進むと予測されています。

このままでは、介護保険制度を維持できなくなると考え、状態の改善が見込まれる人たちへの積極的な支援を行うことを決め、取り組みを強めた結果、毎年、およそ４割の人が「要支援」の状態から卒業し、自立への復帰を果たしています。

この取り組みを始めた市の保健福祉部長、東内京一さんは、「介護になることを予防するということをしていかなければ、２０２５年に和光市はどういう状態になっているんだろうという疑問があり、『要支援』だとか軽度の状態を、もう一回元気になれる、そういう要素はあるだろうと考え、取り組みを始めました」と言います。

和光市では、〝介護からの卒業〟に向けて、どのような支援が行われているのか。

2014年3月に、新たに「要支援2」に認定された80歳の松田洋子さんのケースを取材しました。

松田さんは3年前、水頭症で入院し、手術。

その後、足がふらつくようになり、家事のほとんどを夫の嘉次さんに任せています。


市が行う取り組みの第一歩が聞き取り調査です。

地域包括支援センターから、市の委託を受けた相談員で保健師の冨岡礼子さんが松田さんの家を訪問しました。

「お買い物はどうですか、好きですか？」

「そうですね、買い物は好きですよね」

「今も行きたいとか思いませんか？」

「今はないです。もう足がダメだから。もう、どこも行きたくないです、うちからは」

松田さんから今の暮らしぶりを聞き取りながら、自立の可能性を探ります。

冨岡さんは、「介護保険で人を入れて助けていくというのではなくて、ご本人たちが自分たちの生活を以前のように取りもどせるように、力を引き延ばしていくことを目標にしています」と言い、歩く力を強化できれば、介護保険のサービスに頼らなくても自立した生活が送れると考えました。

包括支援センターの相談員が調査して作った支援計画は、毎月2回、市役所で開かれる「コミュニティケア会議」で徹底的に議論されます。

ここで新たに認定された「要支援者」全員の計画を検討し、磨き上げるのです。

メンバーは、市内の全ての包括支援センターのスタッフと、看護師や薬剤師、理学療法士などの専門家、そして、デイサービスやヘルパー派遣の事業者ら、ケアの計画に関わる様々な分野の人たちが職域を越えて一堂に会します。

通常、支援計画は、地域包括支援センターの相談員が作成して、実行に移されます。

しかし和光市では、他のセンターや専門家を交えて徹底的に検証。

より良い介護方法をアドバイスしたり、事業者側の思惑でサービスを過剰に設定して、かえって自立を妨げていないか、チェックしあうのです。

この日は、冨岡さんが、松田さんの歩く力の強化を中心とした支援計画を報告しました。

「通所での運動と自宅で夫とのセルフトレーニングと、現在行っている散歩の継続を行い、9か月後、介護保険を卒業し二次予防へつなげていきたいと考えております」

すると、会議に参加している別のセンターの相談員から、生活に張り合いを持ってもらうため、具体的な目標を示してはどうかと、意見が出されました。

「例えば、ゴミ出し。燃えるゴミの日は自分でゴミ出しをするとか、ご本人が実践できそうな一日の目標もいいのかなと」

管理栄養士からは、松田さんが大好きだった買い物を通じて、歩行を促すことができるとアドバイスが続きます。

「ただ、お料理やってますか、してますか、というんじゃなくて、一緒にお買い物に行って、スーパーの中で提案するということも、栄養指導としてできるので検討してみてください」

数日後、冨岡さんは、会議のアイデアを盛り込んで作り上げた計画を松田さんに提案しました。

１年後の目標として、電話だけの付き合いになってしまい、実際に会いに行けなくなってしまった都内に住む友達と、会って食事をすることにしてはどうかと提案。

すると、松田さんは、うれしそうに、うなずきました。

具体的な目標ができると、松田さんは前向きに変わり始めました。

この日は、それまで消極的だったデイサービスを、初めて訪れました。

ここでは、ただ時間を過ごすだけでなく、他の人たちと一緒に足腰の筋力アップに取り組みます。

理学療法士がスポーツジムさながらの機械を使って、歩くために必要なトレーニングを行います。

今では松田さんはデイサービスが楽しみで、迎えの車が来るのを家の前で10分以上前から立って待っているそうです。

最近は家から歩いて5分程離れたところにある市が運営をNPOに委託している「まちかど健康相談室」まで一人で歩いて出かけるなど、これがつい先日まで「外出は一切嫌だ」と言っていた同じ人物なのかと思うほどの変化です。

久し振りに友達と会食をするという目標が実現する可能性は、十分ありそうです。

さらに和光市では、卒業後の受け皿も整えています。

介護保険から卒業した髙木絢子さんは、卒業の翌週から、市が開いている無料の介護予防プログラムに参加しました。

介護予防プログラムには、運動器の機能向上、認知症予防、閉じこもり予防、栄養指導などの、目的ごとに多彩なメニューが用意されています。

介護保険からの給付によるサービスを卒業した後も、再び悪化して要支援に戻らないよう、間をおかずに支援策が整えられているのです。

多くのデイサービスの事業者が、介護予防プログラムも提供しているため、要介護の状態を改善させると顧客がいなくなり、経営にマイナスとなるということがありません。

利用者だけでなく、介護事業者にとっても、要介護状態の改善に取り組みやすい仕組みとなっているのです。

そして、これらの取り組みの土台になっているのが、和光市で全ての高齢者を対象として3年に一度、行われる記名式のアンケートです。

何か生活に不便を感じていないか、日常的な交流はあるか、物忘れがひどくなっていないかなどから、その人がどのような困難をかかえているかが、具体的に分かるような質問になっています。

その結果を地区ごとの地域包括支援センターと共有、適切なケア計画の作成やどのような社会資源を作る必要があるかを知るための貴重な情報源となっているのです。

さらに、アンケートを回収できなかった相手に戸別訪問をかけ、地域から孤立したり、認知機能の低下が急速に進んだりしたケースを早期に把握し、公的支援に結びつけていくという機能も果たしているのです。

和光市では、介護からの自立を支援するこれらの取り組みによって、市の介護保険料は４１５０円（国平均４９７２円）、認定率は10・２％（国平均17・４％）といずれも国の平均を下回っているのです。

「持続可能性のある介護保険制度という時には、今何をやるべきか、そして将来、自分の町をどうしたいか。それなくして、10年後、もしくは2025年の〝わが町〟は、考えられないと思っています」という東内部長の言葉には、強い説得力がありました。

介護予防の担い手として、ボランティアの育成に力を入れているのが、長崎県北松浦郡佐々町です。

佐々町では、20％を超える高い要介護認定率が続いてきました。

そのため介護保険料は、県内で最も高い5990円（国平均4972円）です。

そこで町は、介護保険財政の厳しさを伝え、元気な高齢者にボランティアへの参加を呼びかけました。

町の住民福祉課の江田佳子係長は、「住民には、すごく響くところがあって、行政ができないところを、住民の皆様に担っていただいて、役割を果たしていただいていると思っています」と言います。

ボランティアが担う介護予防のプログラムは様々です。

女性に比べて集まりの悪い男性に、どうしたら興味を持ってもらえるかを考えていた時に、「自分で料理を作れるようになりたい」という住民の声を聞き、週一度、開かれるようになった男性のための料理教室。

栄養のバランスを取るだけでなく人との交流を保ち、手足を動かして料理することが、認知症の予防や症状の安定につながることが期待されています。

参加者の一人、70代の男性は、自分でエプロンを着けたり、会話をするのも難しいかなり重度の認知症ですが、いつもニコニコしながら、食材を買いに行くのを手伝ったりしています。

この男性、以前は、介護保険を使ってデイサービスに通っていましたが、町がボランティアと協力して運営するこの料理教室や、農作業、体操とカラオケなどの趣味活動を楽しむ生きがい教室など、バラエティーに富んだプログラムに毎日のように参加して、今は、介護保険のサービスを使わず、生活しているそうです。

母親と同居していますが、昼間、住民と過ごす時間が充実しているせいか、家にいる時も、ほとんど行動・心理症状が起きることなく、穏やかに過ごしているといいます。

町内各地区の公民館で取り組まれている介護予防のための体操教室では、建物の外まで大きな掛け声と笑い声が響いてきます。

参加者の平均年齢は77歳で、最高齢は92歳、元気一杯です。

先生役の地元に住む73歳の元看護師、宮島初枝さんは、「皆さん元気になって佐々町にいっぱい支払っている介護保険料が、少しでも少なくなればいい」と考え、ボランティアに協力していると言います。

高齢のボランティアの存在は、参加者にある効果をもたらしています。先生役の住民が元気に活躍する姿を見て、自分も元気でいたいという意欲が刺激されるのです。

こうした取り組みの結果、佐々町の要介護認定率は、２０１０年３月の20・8％から、２０１４年３月までの４年間で、15・5％に減少しました。

予防することで介護が必要にならない、仮に必要になっても卒業することができる、卒業することで介護費用を、より介護が必要な人たちに配分することができるようになります。

その介護予防の担い手として、まだまだ元気な高齢者が役割を果たすことは、本人の自信にもなり、それ自体が、元気を維持し、認知症の予防にもつながります。

和光市や佐々町のお年寄りたちのまぶしいくらいの笑顔と元気に出会うと、〝大介護時代も恐るるに足らず、超高齢社会もそんなに悪くない〟と感じるのです。

あとがき

この本に度々、登場する本田美和子先生とイヴ・ジネストさんらが著した『ユマニチュード入門』の帯に、こう書かれています。

魔法？　奇跡？　いえ技術です。

自分が子ども時代を過ごした故郷にいる話ばかりしていた女性がお礼のキスをしたり、2年間、歩けなかった人が、わずか20分ほどのケアで歩き出したり……。

ユマニチュードによるケアの現場に立ち会った家族やスタッフが、思わず「まるで魔法みたい」と話すのを何度も見てきました。

学ぶべき専門的な技術は多いけれど、「見つめる」「話しかける」「触れる」の基本を守るだけで、一定の〝成果〟を得ることができるのは、体系化された技術たるゆえんでしょう。

まさしく、「ユマニチュード」の魅力を伝えるには、最良のキャッチコピーだと思います。


ユマニチュードの取材を続けてきて、1つ、困ったことがありました。

ユマニチュードの効果で撮影したかった認知症の行動・心理症状がなかなか撮れないのです。

ユマニチュードのケアによる効果を分かりやすく伝えるためには、認知症の人に行動・心理症状が現れ、ケアやコミュニケーションに苦労する様子を撮影する必要がありました。

しかし、いくら家族や施設が取材を許可してくれたからと言って、いきなり本人に断りもなく、カメラを向けるわけにはいきません。

そこで、見よう見まねのユマニチュード的アプローチで、視線を合わせ、笑顔で穏やかに話しかけ、「是非、○○さんの頑張っているところを撮影したいのです」と、取材の趣旨を説明し、承諾をもらえるようお願いします。

そして、はっきりとした拒絶がないことを確認してから撮影を始めるのですが、そういう日に限って、「今日は○○さん、すごくおとなしいね」などと、普段は激しく嫌がるオムツ交換や、口腔《こうくう》ケア（口の中の掃除）でも、ジッとカメラの方を見つめて、行動・心理症状が起きないということが、何度もありました。

はっきりとした理由は分かりません。たまたま偶然が重なっただけかもしれません。ただ、見よう見まねのえせユマニチュードであっても、私と取材相手である認知症の高齢者との間にほんの少しの絆《きずな》が生まれ、「（ケアが苦痛でも）頑張っているところを撮影させてくれていた」のではなかったのかと、今でも私は信じています。

一連のユマニチュードの取材は、一緒に仕事をするスタッフに本当に恵まれました。見たいところを見たいサイズで見せてくれる見事なカメラワークの本野道子さん。患者さんのシャワーや体を拭《ふ》くケアの様子などは、そこしかないという絶妙のアングルからボカシなしで使える様に撮影する、女性ならではの優しい気遣いが、取材相手との間に強い信頼関係を築きました。

スタジオにジネストさんをお呼びした時、最後の30秒で振られた質問に対し、適切な訳とADばりのカウントダウンとのコンビネーションで、「攻撃的な患者はいない。自分を守ろうとしているだけ」という最も伝えたかったメッセージを時間内に滑り込ませたフランス語通訳の髙野勢子さんと藤田美香さん。

そして、医療と介護の間にある微妙な隔たりを考慮しながら、いかに認知症介護に悩む一般の人たちに伝わる作品にするか、冷静な計算と優しい気遣いを併せ持ち、指導してくれた小澤泰山CP（チーフプロデューサー）と岡和子デスクの指揮・采配《さいはい》ぶりは、一緒に仕事していて実に気持ちの良い、心から信頼できるものでした。

さらに、クローズアップ現代というテレビ人として誇るべき活動の場を与えてもらい、いつも適切なアドバイスで番組の質を向上させてくれる安川尚宏経済・社会情報番組部長、番組統括の内藤誠吾CP、キャスターの国谷裕子さん、小原美和CP、編集担当の増淵俊満さんと米澤恵太さん、あさイチの篠田恵一CP、NHKスペシャルの矢吹寿秀CP、浅井健博CP、鈴木貴靖CP、そして、大いに勉強させてもらった青柳由則PD（プログラムディレクター）、城光一PD、成田花緒里PD、その他、制作・技術陣の方々、ならびに本書を書く機会を与えて頂いた角川書店の菊地悟さんにもお礼を言いたいと思います。

そして、放送が近づくとまともに家にも帰らない夫に文句も言わず（ため息はつかれましたが）、仕事をしながら、しっかりと家を支えてくれる妻の純香と、それぞれ自分らしく育っている娘たちにも心から感謝します。

「人間は人間との関わりがあって、初めて人間でいられる」というユマニチュードの哲学を、かみ締める日々でもありました。

望月　健

参考文献

■『ユマニチュード入門』
（本田美和子、イヴ・ジネスト、ロゼット・マレスコッティ共著、医学書院）

より詳しくユマニチュードを学びたい方にお薦めです。また、医療や介護関係者向けの研修、一般の方々も参加できる講演会などの情報は左記ＷＥＢサイトをご覧ください。

ジネスト・マレスコッティ研究所日本支部　http://igmj.org/

■『アルツハイマー病を治せ！』
（ＮＨＫスペシャル取材班、主婦と生活社）

■『認知症予防　―読めば納得！　脳を守るライフスタイルの秘訣―』
（山口晴保著、協同医書出版社）

■『認知症を知る』
（飯島裕一著、講談社現代新書）

NHK取材班

望月　健（もちづき・けん）

1965年生まれ。89年、日本電波ニュース社入社。ハノイ支局長、カンボジア支局長を歴任。99年、報道番組制作会社ジン・ネット入社。テレビ朝日『サンデープロジェクト』、テレビ東京『ガイアの夜明け』などを制作。番組ディレクターとして、「中国人犯罪グループ」による密航や自動車盗難の実態、「偽ブランド品汚染」、「イラク戦争」などを取材。2010年よりフリーランスとなり、主にNHKの『クローズアップ現代』で、「超高齢社会へ向けた対策」や「森林・林業の可能性」などをテーマに取材を続けている。

ユマニチュード

認知症《にんちしょう》ケア最前線《さいぜんせん》

NHK取材班《しゅざいはん》　望月《もちづき》　健《けん》

2014年10月10日　初版発行
2024年11月15日　8版発行

◆◇◇

発行者　山下直久
発　行　株式会社KADOKAWA
〒102-8177　東京都千代田区富士見2-13-3
電話　0570-002-301（ナビダイヤル）

装 丁 者　緒方修一（ラーフイン・ワークショップ）
ロゴデザイン　good design company
カバーデザイン　Zapp!　白金正之
印 刷 所　株式会社KADOKAWA
製 本 所　株式会社KADOKAWA

角川新書

ISBN978-4-04-101862-0 C0295

KADOKAWAの新書 好評既刊

忙しいを捨てる
時間にとらわれない生き方

アルボムッレ・スマナサーラ

日本人はよく「時間に追われる」と口にしますが、目の前にあるのは瞬間という存在だけ。時間とは瞬間の積み重ねに過ぎません。初期仏教の長老が、ブッダの教えをもとに時間にとらわれない生き方について語ります。

9条は戦争条項になった

小林よしのり

集団的自衛権の行使を容認する安保法制が成立し、憲法9条は戦争条項となった。立憲主義がないがしろにされるなか、国民はここからどこに向かうべきか。議論と覚悟なくして従米から逃れる道はないと説く警告の書。

気まずい空気をほぐす話し方

福田　健

「苦手な上司」「苦手な取引先」「苦手な部下」「苦手なお客様」「苦手なご近所さん」等々、苦手な相手とのコミュニケーションでは、「気まずい空気」になりがちだ。その「いや～な感じ」をほぐす方法を具体例で示す。

里山産業論
「食の戦略」が六次産業を超える

金丸弘美

「食の戦略」で人も地域も社会も豊かになる！　地域のブランディングを成立させ、お金も地元に落とせるのは補助金でも工場でもなく、その地の〝食文化〟である。それが雇用も生む。ロングセラー『田舎力』の著者が放つ、新産業論。

決定版　上司の心得

佐々木常夫

著者が長い会社人生の中で培ってきたリーダー論をこの一冊に集約。孤独に耐え、時に理不尽な思いをしながらも、勇気と希望を与え続ける存在であるために、心に刻んでおくべきこととは？　繰り返し読みたい「上司のための教科書」。

KADOKAWAの新書 好評既刊

文系学部解体

室井 尚

文部科学省から国立大学へ要請された「文系学部・学科の縮小や廃止」は、文系軽視と批判を呼んだ。考える力を養う場だった大学は、なぜ職業訓練校化したのか。学科の廃止を告げられながらも、教育の場に希望を見出す大学教授による書。

語彙力こそが教養である

齋藤 孝

ビジネスでワンランク上の世界にいくために欠かせない語彙力は、あなたの知的生活をも豊かにする。読書術のほか、テレビやネットの活用法など、すぐ役立つ方法が満載！　読むだけでも語彙力が上がる実践的な一冊。

かんたん脳強化トレーニング！
脳番地パズル

加藤俊徳

効かない脳トレはもういらない。1万人以上の脳画像の解析からたどり着いた「脳番地」別の特製パズルを解くだけで、あなたの頭がみるみるレベルアップする！　各メディアで話題の最新「脳強化メソッド」実践編の登場！

メディアと自民党

西田亮介

問題は政治による圧力ではない。小選挙区制、郵政選挙以降の党内改革、ネットの普及が、メディアに対する自民党優位の状況を生み出した。「慣れ親しみの時代」から「隷従の時代」への変化を、注目の情報社会学者が端的に炙り出す。

総理とお遍路

菅 直人

国会閉会中に行なった著者のお遍路は八十八カ所を巡るのに10年を要した。それは激動の10年。政権交代、総理就任、震災、原発事故、そして総理辞任、民主党下野まで。総理となった者は何を背負い歩き続けたのか。